W0000201

Bärbel und Manfred Mohr

Cosmic Ordering

Bärbel und Manfred Mohr

Cosmic Ordering

Die neue Dimension der Realitätsgestaltung
aus dem alten hawaiianischen Ho'oponopono

© KOHA-Verlag GmbH Burgrain
Alle Rechte vorbehalten – 3. Auflage 2009
Lektorat: Birgit-Inga Weber
HildenDesign, München,
unter Verwendung von Motiven von Shutterstock
Gesamtherstellung: Karin Schnellbach
Druck: CPI, Moravia
ISBN 978-3-86728-060-0

Inhalt

Einleitung	7
Ho'oponopono	10
Heile dich selbst und du heilst die Welt	16
Die doppelte Verständnistechnik – alle Details	23
Die hawaiianische Sichtweise	28
Die subatomare Sichtweise	35
Die psychologische Sichtweise	43
Erfolgreich gehoppt	48
Beispiele zum Mitmachen	61
Gesundheitsprobleme hoppen	74
Heilung der eigenen Probleme	79
Zu glücklich – oh, wie furchtbar!	82
Selbstheilungstechniken im Überblick	87
Die Herzenstechnik	90
Die Liebestechnik	94
Die Wundertagebuch-Technik	97
Vielfältige Anwendungsbereiche	104
Bestellen und hoppen	114
Zusammenfassung der Verständnistechnik	123
Angebote zum »Cosmic Ordering mit Ho'oponopono«	125

Einleitung

Wenn einer allein träumt, ist es nur ein Traum.
Wenn viele gemeinsam träumen,
ist es der Anfang einer neuen Wirklichkeit.

FRIEDENSREICH HUNDERTWASSER

Was hat das Bestellen beim Universum mit Ho'oponopono zu tun? Ho'oponopono basiert wie die Bestellungen beim Universum auf der Annahme, dass alles eins ist und dass die Außenwelt ein Spiegel unseres Inneren ist. Alles was ist, habe ich somit irgendwie herbeigerufen, sonst wäre es nicht da. Bei Ho'oponopono gehe ich in ganz ähnlicher Weise davon aus, dass jedes Problem aus mir selbst entsprungen ist und darum auch in mir wieder aufgelöst werden kann. Indem ich in mir selbst aufräume, ordnet sich das Außen von ganz alleine, weil es nur ein Ausdruck der Energie im Inneren ist.

Unsere Erfahrungen während des letzten Jahres haben uns den Eindruck vermittelt, dass diese Techniken gewissermaßen Bestellungen beim Universum mit »Turboeffekt« sind. Wir möchten dich mit diesem Buch einladen, uns auf unserer Entdeckungsreise in das nahezu grenzenlose Gebiet dieser neuen Technik zu begleiten. Je mehr wir uns mit ihr beschäftigt haben, desto mehr Möglichkeiten wurden uns geschenkt. Es ist einfach wunderbar und befreiend, die neue Methode auf jede Art von Problemen anzuwenden – bis hin zu der Chance, innere Ursachen für nicht ausgelieferte Bestellungen zu finden und zu heilen.

Es ist ganz natürlich, dass manchmal auch Sabotageprogramme in uns auftreten können (sie müssen es natürlich nicht, aber sei dir selbst nie böse, wenn sie es tun): »So einfach kann es doch nicht sein!« Wir haben deshalb in dieses Buch viele Beispiele von Erfolgen bei der Anwendung dieser Technik aufgenommen – damit auch unser Verstand es immer wieder glauben kann. Und es gibt in diesem Buch eine Menge verschiedener Herangehensweisen an das Thema: aus Sicht der Hawaiianer, der neuen Physik und der modernen Psychologie. Letzten Endes gilt aber nirgendwo mehr als hier der alte Satz: »Es gibt nichts Gutes, außer man tut es!«

HO'OPONOPONO bedeutet »etwas richtigstellen« oder »etwas zurechtrücken«. Es leitet sich von HO'O – »etwas tun« – und PONO – »ausgleichen« oder »Perfektion« – ab. Man kann es auch als »Weg zur Vollkommenheit« übersetzen. Und in diesem Weg spielt das Tun eine wichtige Rolle. Je tatkräftiger ich innerlich die Dinge zurechtrücke, desto schneller rücken sie sich im Außen zurecht.

Viele kleine Alltagsprobleme streichen schon nach wenigen »Anwendungen« die Segel. Aber das regelmäßige Tun und Wieder-Tun hat erstaunliche darüber hinausgehende Nebenwirkungen, wenn es erst einmal ein festes Ritual geworden ist: Durch den inneren Frieden entsteht ein »Flow«, ein Fluss des Lebens, in dem immer mehr kleine und größere »Wunder« geschehen können.

Bestenfalls beginnt man zu spüren, wie die neu geformte innere Energie ihren Ausdruck im Außen nimmt und dort die Ereignisse »wohlweislich« zu formen beginnt. Man fühlt, dass alles Energie ist – und wie sie sich in der Welt um uns herum aus der Welt in uns heraus ausdrückt.

Ho'oponopono

Vor dem Sonnenuntergang sollst du Vergebung üben.
                                    HAWAIIANISCHE WEISHEIT

Etwa vor einem Jahr leitete ein Freund eine E-Mail an uns weiter, die wir dann auch noch von verschiedenen anderen Seiten erhielten. Es war eine E-Mail von Jo Vitale über Dr. Len und Ho'oponopono, eine Technik aus dem alten Hawaii. Es stand gar nicht viel drin in dieser Mail. Eigentlich nur, dass die alten Hawaiianer davon ausgehen, dass alles im Universum letztlich eins ist und dass alles mit allem verbunden ist. Und daraus resultiere, dass alles, was im Außen sichtbar ist, auch im Inneren eines jeden Einzelnen vorhanden sein muss. Es kann nichts in meiner Welt passieren ohne eine Resonanz in mir selbst.

Dr. Len, ein hawaiianischer Arzt, habe eine ganze Abteilung einer psychiatrischen Klinik mit schwerstkranken Patienten geheilt, ohne sie überhaupt getroffen zu haben: Er nahm sich die einzelnen Patientenberichte vor, las sie und stellte sich die Frage: »Womit habe ich das erschaffen?«
Alles ist miteinander verbunden und alles ist letztlich eins. Dr. Len ist Teil der Urschöpfung, die dieses Problem erschaffen hat – also hat er selbst dazu beigetragen, da er ja eins ist mit der Urschöpfung. Ganz klar, oder?

Die E-Mail[1] beschrieb weiter, wie sich Dr. Len wochenlang immer wieder fragte: »Womit habe ich das erschaffen?« Und sobald er etwas in sich fand, sagte er zu sich selbst: »Es tut mir leid«, »Ich verzeihe mir«, und: »Ich liebe mich«.
Das führte schließlich dazu, dass bis auf zwei Patienten alle geheilt wurden und innerhalb kürzester Zeit entlassen werden konnten. Die ganze Abteilung wurde fürs Erste geschlossen.

Na ja, wir glauben ja viel, dachten Manfred und ich, aber das führt jetzt schon ein wenig sehr weit. Wer weiß, ob es diesen Dr. Len wirklich gibt und ob das alles stimmen kann. (Inzwischen wissen wir: Es gibt ihn, und er kommt bereits regelmäßig zu Seminaren nach Deutschland.) Aber die Vorstellung elektrisierte uns. Wir legten sofort los und probierten es aus.

Zu dem Zeitpunkt hatten wir nicht mehr als diese eine E-Mail, aber sie reichte aus für die erstaunlichsten Erlebnisse und Erfolge. Da wir mit der Frage »Wie habe ich das erschaffen?« und der damit verknüpften Vorstellung Schwierigkeiten hatten, entwickelten wir unsere eigenen Methoden, und zwar

- die doppelte Verständnistechnik,
- die Liebes- und Herzenstechnik
- und die Wundertagebuch-Technik.

---

[1] Den Gesamtbericht findet ihr in dem Buch »Zero limits« von Jo Vitale und eine Zusammenfassung auf meiner Homepage www.baerbelmohr.de, wo es im kostenlosen Online-Magazin mehrere Berichte rund um Ho'oponopono gibt, oder auf der neu entstehenden Seite www.cosmic-ordering.de

Die Tatsache, dass Bestellungen beim Universum – wie die »Turbomethode« Ho'oponopono – auf der Annahme beruhen, dass die Außenwelt ein Spiegel unseres Inneren ist, bedeutet nun für mich nicht, dass der Einzelne schuld sei an seinen sämtlichen Miseren und Krankheiten. Denn niemand wird ja aus dem Nichts ins Nichts geboren und kommt blütenrein hier an.

Bei unseren Zwillingen konnten wir bereits in der ersten Minute nach der Geburt erkennen, dass sie einen völlig verschiedenen Augenausdruck hatten und dass sie sich unterschiedlich verhielten. Diese Tendenz ist heute immer noch genauso vorhanden wie damals. Wir kommen also ganz offenbar nicht alle gleich hier an. Wir bringen schon etwas mit.

Und wir werden auch nicht ins Nichts geboren. Auf uns strömen die Glaubenssätze und Vorstellungen unserer Eltern und Familie ein; alle unerlösten Themen und Gefühle der Ahnen setzen sich über Generationen hinweg in den Familien fort, und auch die Gesellschaft und die Kultur, in die wir hineingeboren werden, beeinflussen uns. Wir sind so, wie wir sind, ein individuelles Gesamtprodukt all dieser Einflüsse.

Das Schöne ist jedoch, dass wir mit einem Schlüssel in die Freiheit geboren werden – zumindest in eine relative Freiheit. Ich erwähne immer wieder gerne die Grameen-Bank in Bangladesh als Beispiel dafür, dass man auch von ganz unten wieder emporkommen und ein individuell erfolgreiches Leben führen kann. Ich habe bei der Grameen-Bank im Jahr 2000 eine Videodokumentation gedreht. Sie vergibt Kredite an Arme und wir konnten sehen, wie es Tausenden der Allerärmsten gelungen war, ein völlig neues Leben zu beginnen: Sie stiegen in den Mittelstand auf; manche wurden sogar zu einer Art Chefin des Dorfes.[2]

Sekem in Ägypten ist ein weiteres beeindruckendes Beispiel dafür, dass wir uns von den begrenzenden Vorstellungen unserer Umwelt befreien können: Dort hat Ibrahim Abouleish 1977 einen Teil Wüste gekauft und begrünt. Inzwischen hat er eine zukunftsweisende Einheit von Wirtschaft, Kultur und Sozialem geschaffen, die sowohl wirtschaftlich als auch menschlich und im Hinblick auf das herrschende Lebensgefühl glänzend dasteht. Ibrahim Abouleish wurde 2002 für sein »Wunder in der Wüste« mit dem alternativen Nobelpreis ausgezeichnet.[3]

Jeder von uns trägt so einen Schlüssel zur Freiheit in sich. Der Schlüssel ist die Rückverbindung mit dem Kosmos und die Erkenntnis, dass wir eins mit dem Ganzen sind und uns von diesem Ganzen unterstützen lassen können.

Wenn jeder mit dieser Einsicht leben würde, dann könnten wir, davon bin ich überzeugt, in wenigen Jahren die Probleme der Menschheit zum größten Teil beseitigen und würden von Generation zu Generation gesünder, anstatt wie jetzt immer kränker.

Ho'oponopono – oder das, was wir für uns daraus gemacht haben, da wir die Ursprungstechniken anfangs nur aus dieser einen Mail kannten – ist für uns eine Art »Bestellung beim

---

[2] Wer mehr darüber wissen will:
Auf meiner Homepage wwwbaerbelmohr.de gibt es im kostenlosen Online-Magazin einen Bericht über die Grameen-Bank.

[3] Siehe www.sekem.com

Universum für Fortgeschrittene«, weil es noch konsequenter und klarer davon ausgeht, dass nichts in unserer Welt existieren kann, ohne dass es auch in uns selbst existiert. Und dass wir alle Werkzeuge in den Händen haben, um uns selbst zu heilen – was sofort Änderungen in der Welt im Außen bewirkt.

Wie immer, wenn mir, Bärbel, etwas gefällt, muss es dabei leicht und fröhlich zugehen. Ich kann mir bestens vorstellen, dass sich Ho'oponopono in den verschiedensten Varianten zu einem neuen Gesellschaftsspiel mit Heileffekt entwickelt. Bisher erzählen wir uns auf Partys und Geburtstagsfeiern entweder, wie furchtbar alles ist und wie blöd alle sind, oder wir geben damit an, wie toll und schlau wir sind und was wir schon alles erreicht haben.

Beim Hoppen, wie wir unsere Version des Ho'oponopono scherzhaft nennen, tauscht man sich über die eigenen Schwächen aus – aber auf eine so unverfängliche Weise, dass man leicht gemeinsam darüber lachen kann. Trotzdem kommt man enorm weit in die Tiefe; dabei finden gerade wegen der Leichtigkeit und der entstehenden Verbundenheit die erstaunlichsten Heilungen der Lebensumstände statt.

Wir möchten unsere Erfahrungen und Erlebnisse dabei mit euch teilen und sie an möglichst vielen Beispielen leicht nachvollziehbar machen, sodass ihr im eigenen Freundes- und Bekanntenkreis »mithoppen« könnt. Damit es auch wirklich klar ist, wie dabei vorzugehen ist, haben wir zu fünft eine Sitzung zum Mitspielen auf DVD aufgezeichnet. Das heißt, es ist eine echte Sitzung mit echten Problemen, aber so gedreht, dass für jeden Zeit bleibt zum Mitmachen. Ich sage jeweils an, wann und wie ihr euch einbringen könnt.

Die Produktion ist absolut laienhaft, dafür hundertprozentig echt und ungestellt. Wenn ihr die dem Buch beiliegende DVD anseht, erkennt ihr, dass man dabei wirklich in die Tiefe kommen kann und dass es trotzdem viel zu lachen gibt.

Wir haben zunächst ein eher banales Problem als Einstieg und zur Verdeutlichung der Technik gewählt und dann möglichst typische Probleme, die viele betreffen: Geldmangel und Partnersuche. Dabei haben wir nur mit der doppelten Verständnistechnik gearbeitet. Ursprünglich wollten wir auch die anderen beiden Techniken vorführen, mussten uns dann jedoch wegen der Länge dagegen entscheiden. Die Herzens- und Wundertagebuch-Technik findet ihr daher nur im Buch.

Viel Spaß und viel Erfolg! Lasst uns loslegen mit den konkreten Beispielen und detaillierten Anwendungen. Es ist alles ganz einfach, wenn man es erst einmal intus hat.

Heile dich selbst
und du heilst die Welt

Ich segne das Jetzt
Ich vertraue auf mich
Ich erwarte das Beste
AFFIRMATION AUS HAWAII

Kirsten lebt im Moment von der Unterstützung durch das Arbeitsamt. Sie ist dabei, sich selbstständig etwas Neues aufzubauen, aber das läuft nicht von jetzt auf sofort. Mit der zuständigen Sachbearbeiterin des Arbeitsamts hatte sie bisher jede Menge Probleme. Sie fühlte sich von ihr behandelt »wie der letzte Dreck unterm Fingernagel«.
Schließlich kam sie zu einem von Manfreds »Fühle mit dem Herzen«-Abenden und lernte einen Teil der Techniken, die in diesem Buch beschrieben sind. Es geht darum, die Resonanz zu Ärgernissen im Außen in sich selbst zu finden und zu heilen. Kirsten war mit Herz und Seele und viel Freude bei den Übungen dabei. Am Ende des Abends war aller Ärger gegenüber dem Arbeitsamt verflogen – übrig blieb Mitgefühl für den schweren Stand und Job der Mitarbeiter dort.

Und bereits am nächsten Tag kamen die Überraschung und die Belohnung. Das Arbeitsamt, dem sie stets hatte hinterhertelefonieren müssen, rief von selbst an. Diesmal war die Sachbearbeiterin die Freundlichkeit in Person und machte ihr von sich aus ein neues Angebot. Kirsten fuhr dorthin und war vor Erstaunen kurz vor einer Ohnmacht, als man ihr einen Kaffee anbot und sie für ihr berufliches Weiterkommen völlig neue Angebote und Hilfestellungen erhielt. Während sie noch sprachlos auf ihrem Stühlchen saß, hörte sie die Mitarbeiter des Arbeitsamtes sagen, sie brauche nichts zu überstürzen, kein Stress, sie solle sich alles in Ruhe überlegen.

»Grad, dass sie mir kein Küsschen zum Abschied gegeben haben, das war alles«, berichtete sie hoch begeistert, als sie zu einem weiteren Übungsabend zu uns kam.

Bei den Übungsabenden frage ich, Bärbel, meist in die Runde, ob jemand ein harmloses Problem habe, das er uns für die erste Übung zur Verfügung stellen möchte. Das kann ein kleiner Konflikt mit einem Nachbarn, Kollegen, Verwandten oder sonst etwas sein. Um die Technik zu demonstrieren, ist es meist einfacher für alle Beteiligten, wenn nicht gleich hoch dramatische Beispiele ins Feld geworfen werden, sondern lieber ein gewöhnliches Ärgernis des Alltags, mit dem sich niemand überfordert fühlt.

Einmal meldete sich Michael. Er entwirft sogenannte Chi-Signs, Energiebilder für beruflichen und privaten Erfolg. Und er besitzt eine kleine Galerie. Eines seiner Lieblingsbilder ähnelt einer Zielscheibe; es hängt in einem großen Schaufenster, sodass es sich die täglich auf einer kleinen Brücke vorbeilaufenden Schulkinder im Winter nicht verkneifen können, mit Schneebällen auf dieses Bild zu zielen. Das ärgert Michael. Zum einen sorgt er sich um die Glasscheibe, zum anderen sieht es natürlich nicht schön aus, wenn die Reste der Schneebälle an der Scheibe »pappen« – und Lärm macht das Ganze auch noch.

Das war genau das richtige Problem zum Einstieg. Alle in der Gruppe schlossen die Augen und stellten sich vor, sie selbst wären die Schulkinder, die mit Schneebällen auf das Fenster zielten und sich nicht darum kümmerten, dass Michael schimpfend hinter derselben Scheibe stand und offensichtlich nicht damit einverstanden war.

»Wenn ich so handeln würde wie diese Kinder, warum würde ich es tun?«, war die Frage, die sich jeder dabei stellte. Und: »Welches Gefühl hätte ich dabei?«

Wenn wir einen Grund oder ein Gefühl in uns fanden, sagten wir *zu uns selbst:* »Es tut mir leid«, und: »Ich liebe dich«. Wir sagen also zu uns selbst, dass wir uns lieben. Die Sätze werden mehrmals wiederholt und möglichst intensiv empfunden. Dabei kann man noch beobachten, ob sich etwas am Ursprungsgefühl und am Ursprungsbeweggrund, so zu handeln, durch diese Sätze ändert.

Danach wird verglichen, welche Beweggründe und Gefühle jeder in sich gefunden hat.

Das ist immer der lustigste Teil! Es geht nämlich nicht darum, den wirklichen Beweggrund der Kinder herauszufinden, sondern einen oder mehrere Gründe in sich selbst. Dadurch wandelt sich der Ärger unweigerlich in mehr Verständnis und Mitgefühl, weil man die Handlung auf der Gefühlsebene nachvollziehen kann.

Ablehnung führt nämlich immer dazu, dass wir uns vom Mitgefühl abschneiden. Dadurch fehlt uns auch das Verständnis für den anderen; entweder wir ärgern uns oder wir fühlen uns durch sein Benehmen persönlich angegriffen. Wenn wir stattdessen ins Mitgefühl und Verständnis gehen, verschwindet die Ablehnung. Wir fühlen den anderen und wir fühlen uns. Automatisch geht es uns besser. Und sehr häufig führt dies bereits beim ersten Mal zu einer Entspannung der Situation.
In Michaels Beispiel fanden die Teilnehmer der Gruppe folgende Gründe und Gefühle in sich selbst:

- Wenn ich mir vorstelle, ich handele so, dann könnte es sein, dass ich mich in der Schule eingesperrt und in meinem Bewegungsdrang stark gebremst fühle. Dadurch werde ich nach der Schule übermütig und bin nicht mehr zu bremsen. Ich muss irgendwohin mit meiner Energie. Da kommt mir diese Zielscheibe gerade recht.
- Mein Beweggrund wäre, in meine Gruppe integriert zu bleiben. Wenn die anderen es machen, mache ich es auch. Mein Gefühl dabei wäre Unsicherheit und Einsamkeit.
- Bei mir wäre es die Fähigkeit, mich in der Bewegung und beim Toben zu freuen, und der Wunsch, Grenzen zu sprengen.
- Sehnsucht nach Freiheit – und das Problem, Freiheit meist nicht leben zu dürfen.
- Ich hätte mich eingeladen gefühlt, wenn mir einer so ein Bild direkt vor die Nase setzt. Wenn die Erwachsenen so blöd sind, dann freue ich mich allenfalls, wenn sie sich ärgern.

Wie man sieht, können die Beweggründe und Gefühle sehr unterschiedlich sein. Und es ist auch völlig egal, welchen wirklichen Grund die einzelnen Kinder haben. Emotionale Erleichterung erwächst aus dem Verständnis. Und wenn Michael nicht mehr in die Ablehnung geht und nicht mehr vom Gefühl abgeschnitten ist, dann fühlen die Kinder auf irgendeiner Ebene die Verbindung mit ihm – und ändern möglicherweise ihr Verhalten.

- Ablehnung trennt energetisch.
- Verständnis und Mitgefühl bilden einen Schritt zurück in die Einheit.
- Einheit hat die Kraft, die Situation zu heilen und zu transformieren.

Nun gibt es einen zweiten Teil zu dieser Übung, den ich mir jeweils vom Betroffenen erst genehmigen lasse. Es geht nämlich darum, sich in seinen Anteil an der Situation einzufühlen: Womit hat er die Situation erschaffen und warum?

Michael war mit der Durchführung dieses zweiten Teils einverstanden und so schlossen wieder alle die Augen. Diesmal stellten wir uns die Frage: »Wenn ich Michael wäre und ein Zielscheiben-Bild direkt in Wurfhöhe aufhängen würde: Warum würde ich mich dann darüber ärgern, dass die Kinder es tatsächlich als Zielscheibe nutzen? Was für ein Gefühl hätte ich dabei?«
Oder ganz schlicht: »Warum erschaffe ich mir diese Kinder und diese Situation?«
Und sobald wir etwas finden, sagen wir wieder zu uns selbst:

»Es tut mir leid«, und: »Ich liebe dich« (das heißt: *Ich liebe mich selbst*). Wiederum waren die Antworten der Anwesenden sehr vielfältig:

- Mein eigenes Bedürfnis nach stärkerer Vitalität und Lebendigkeit würde diese Situation erschaffen, damit ich mir meines eigenen Bedürfnisses wieder bewusst werde.
- Bei mir wäre es unterdrückte Wut, weil ich als Kind so viel stillsitzen musste.
- Mir fehlt es an Leichtigkeit und deshalb rege ich mich auf.
- Ich möchte mich gerechtfertigt aufregen können. Da kommt mir die Situation gerade recht! (Diese Antwort war der größte Lacherfolg des Abends; jeder schien dieses Gefühl schon mal gehabt zu haben.)
- Ich habe etwas ganz Seltsames in mir gefunden: Ich wollte spüren, wie es ist, angegriffen zu werden – in einem relativ sicheren und harmlosen Rahmen.
- Bei mir wäre es der Wunsch, mehr Abenteurer um mich herum zu haben. Das Spießertum erdrückt mich, und die Kinder erinnern mich daran.

Manfred befasst sich viel mit Astrologie. Er erklärte der Gruppe an dieser Stelle, dass man auch aus Sicht der Astrologie stets mit allen verbunden ist. Das Gegenüber in so einer Situation spürt unbewusst immer unsere Energie und hat eine Tendenz, unsere eigenen unterdrückten und ungelebten Gefühle für uns zu leben und auszudrücken. Auch aus astrologischer Perspektive erschaffen wir solche Konflikte deshalb, weil wir einen Spiegel suchen, der uns wieder an das ungelebte Gefühl erinnert.

Ich habe Michael im März 2008 gefragt, wie denn der Rest des Winters verlaufen sei.
»Keine Schneebälle mehr auf der Scheibe«, berichtete er freudestrahlend. »Hm«, fiel ihm dann ein, »es gab allerdings auch keinen Schnee mehr.«
Wir mussten beide lachen. Na ja, das war auch eine Art Lösung. Und nächstes Jahr ist die »Zielscheibe« bestimmt verkauft und das nächste Bild lädt weniger zum wurfbereiten Anvisieren ein.

Die doppelte Verständnistechnik – alle Details

*Stell dir vor, Gott war ein Plätzchenteig
und hatte plötzlich eine abenteuerlustige Idee
aus purer Freude und Übermut.
Er baute sich über eine Trilliarde Backförmchen,
warf ein Schlafmittel ein
und trennte mit dem letzten Gähnen die Schnur,
mit der die Förmchen befestigt waren.
Sie fielen herab und formten so eine Menge
Teigstückchen, die denken, sie wären voneinander getrennt.
Du und ich sind eines davon.
Jeder ein Plätzchen Gottes.*

Du ärgerst dich über jemanden oder über eine Situation, einen Missstand oder was auch immer. Dann stellst du dir bei dieser Technik die Frage:

- Wenn ich so handeln würde wie der andere, warum würde ich es tun?
- Wenn ich so handeln würde, welches Gefühl hätte ich dabei?

Oder:

- Womit könnte ich diese Situation erschaffen haben?

- Womit könnte ich diesen Missstand in mein Leben gezogen haben?
- Welche Gefühle erzeugt diese Situation bei mir?

Sobald du etwas gefunden hast, sagst du zu dir selbst:
- Es tut mir leid.
- Ich verzeihe mir.
- Ich liebe dich/ich liebe mich. *(Du sprichst dabei zu dir selbst, du liebst dich selbst und das Gefühl, das du in dir findest.)*

Alternativ kannst du auch folgende Sätze ausprobieren und in dich hineinhorchen, was sich für dich besser und intensiver anfühlt:
- Statt: Es tut mir leid: Ich fühle mit dir *(das heißt, du fühlst mit dir selbst)*.
- Statt: Ich liebe dich: Du wirst von mir geliebt *(das heißt, du wirst von dir geliebt)*.

Egal welche Sätze du wählst, wiederhole sie mehrmals und beobachte, ob sich dabei in dir, deinem Gefühl und deinen inneren Bildern zu der Situation etwas ändert.
Du kannst die Übung mehrere Tage hintereinander wiederholen – so lange, bis sich der Ärger dauerhaft auflöst und in Mitgefühl und Verständnis transformiert oder bis sich die missliche Situation auflöst und transformiert.

Du hast dir nun vorgestellt, warum du so handeln würdest, wenn du der andere wärst.

In Teil 2 fragen wir nach dem eigenen Anteil.
Das heißt, sobald wir zu mehreren sind, fühlen sich die nicht am Problem Beteiligten in die Situation dessen ein, der das Problem vorgetragen hat.
Und dann fragt sich wiederum jeder: »Wenn ich mir so eine Situation erschaffen hätte, warum hätte ich das getan? Welches Gefühl hätte ich dabei?«
Und die Energie wird wieder gewandelt mit »Es tut mir leid« und »Ich liebe dich«.

Wenn du selbst der Betroffene bist, dann spürst du ebenfalls in dich hinein und fragst dich, womit du dieses Problem erschaffen hast und warum.
Sobald du etwas findest, sagst du zu dir selbst: »Es tut mir leid«, und: »Ich liebe dich«, oder die oben genannten Alternativsätze.

Im dritten Teil (er ist meistens nicht mehr nötig, aber manchmal bietet er sich energetisch an) fragt sich die ganze Gruppe, womit sie dieses Problem erschaffen hat.

Beispiel: Adalbert berichtet, dass Berta ihn ärgert.
1) Wir fühlen uns in Berta ein: Wenn ich so handeln würde wie Berta, warum würde ich mich so verhalten? Wie würde ich mich fühlen?
2) Wir fühlen uns in Adalbert ein: Wenn ich mir so eine Situation erschaffen würde, warum täte ich es? Was wäre mein Gefühl dabei?
3) Wir fragen uns selbst: Warum gibt es in meiner Welt, in meinem Umfeld, in meiner Übungsgruppe so ein Prob-

lem? Womit habe ich es erschaffen? Wo ist die Resonanz in mir, dass so ein Thema überhaupt auftaucht, jetzt wo ich hier anwesend bin? Was habe ich damit zu tun? Was ist mein Anteil? Und wie fühle ich mich dabei?

Wie immer lösen wir die Energie mit den Bekräftigungen:
»Es tut mir leid ... Ich verzeihe mir ... Ich liebe mich ...«, oder mit:
»Ich fühle mit dir *(du mit dir selbst; den anderen lassen wir immer in Ruhe)* ... Du wirst von mir geliebt *(immer du zu dir selbst sprechend)*«.

Gerade diesen Teil 3 wandte Dr. Len an, um Patienten zu heilen, die er nicht einmal persönlich kennengelernt hatte. Es ist ein Weg zurück in die Einheit: »Die da draußen« heilen, indem ich mein Inneres, also mich selbst, heile. Warum erleben wir uns überhaupt als getrennt von allen anderen Menschen? C.G. Jung stellte dazu ein Modell auf, bei dem die einzelnen Menschen wie Bergspitzen sind, um die der Nebel liegt. Blicken wir von oben auf die Alpen, so sehen wir bei Nebel die Bergspitzen einzeln im Sonnenschein liegen, doch das Gebirgsmassiv bleibt unserem Blick verborgen. Dort unten, im Nebel, sind all diese Bergspitzen verbunden, ja die Berge basieren sogar auf ihrem Massiv. Der Nebel ist dabei die Schwelle unseres Bewusstseins: Darüber sehen wir bewusst und nehmen wahr; darunter leben wir unbewusst und handeln aus dem Verborgenen. Das Bergmassiv unterhalb des Nebelschleiers ist unser Unterbewusstsein, aus dem wir in Träumen Nachrichten empfangen können. Da sich die Symbole in den Träumen aller Menschen, egal welcher

Kultur sie entstammen, ähnlich sind, können sie interpretiert und gedeutet werden. Jung nannte dieses Gebirgsmassiv, das alle Menschen verbindet und aus dem wir unsere Träume schöpfen, das Psychoide. Hier sind alle Menschen eins.

Auch die Sufis kennen den Nebel, der unsere Wahrnehmung der Wirklichkeit behindert. Sie nennen ihn die »Zehntausend Schleier«. Die Schleier ergeben die Illusion der Trennung und unsere eingeschränkte Wahrnehmung. Je mehr wir den Schleier lüften, umso mehr scheint die Wirklichkeit, die Einheit aller Menschen, darunter hervor: Dann können wir den Gedanken von Trennung überwinden, und wir sehen und spüren, was wirklich hinter dem Nebel und hinter dem Traum verborgen liegt.

Wenn wir Ho'oponopono oder unsere Varianten davon praktizieren, dann erinnert sich der Berggipfel wieder daran, dass er nur ein Gipfel im Nebel ist und dass am Erdboden das ganze Gebirge eins ist. *Jeder Gipfel, jeder Mensch, der sich selbst heilt, dehnt diese Heilenergie in das ganze Gebirge, in die anderen Menschen mit aus.*

Die hawaiianische Sichtweise

*Mein (Manfreds) alter Hausarzt war schon weit
über siebzig und auch ein bisschen schrullig, doch
das Praktizieren machte ihm noch immer Spaß. Also
betreute er auch weiter einige seiner Stammkunden.
Einige davon, wie auch mich, hatte er schon mit auf die
Welt gebracht. Wenn nun ein Patient zu ihm kam und
sagte: »Ich hab's am Rücken, mein Knie tut weh« usw.,
dann sagte mein Hausarzt zuerst einmal wohlwollend:
»Das hab ich auch.«*

Wenn ich dieses »Das hab ich auch« hörte, war ich sofort ein bisschen getröstet. »Ach so, na ja, dann ist das ja vielleicht gar nicht so schlimm«, war das Gefühl, das mir dieser Satz gab. Und schon ging es mir besser, weil ich mich besser fühlte.

Im Grunde ist mit dieser kleinen Geschichte über meinen Hausarzt bereits die Wirkungsweise von Ho'oponopono erklärt: Was ich ablehne, zum Beispiel der »blöde« Nachbar, wird nicht mehr ausgeschlossen, sondern integriert in dem Bewusstsein: »Okay, er ist blöd, aber irgendwie bin ich das manchmal auch. Auf meine Weise.« Anstatt zu bewerten und zu kämpfen, werde ich dabei ganz weich. Anstatt meine Energie zu verballern in Wut oder Aufmerksamkeit, gehe ich bewusst in mein Herz und sende Liebe an den Teil in mir, der das Problem mit dem Nachbarn erschaffen hat. Ich erkenne, dass mein Ärger und meine Ablehnung schlecht für mich selber sind, und gehe einen neuen Weg – um für mich eine Heilung und eine Verbesserung meines Gefühls und schließlich auch der Umstände zu erreichen.

Dr. Len ist der Meinung, dass er bei Ho'oponopono eigentlich nur in zwei Richtungen wirkt: Nach dem Motto »Gefahr erkannt – Gefahr gebannt« arbeitet er an allen Themen, die er für sich ausgemacht hat, um eine Verbesserung in seinem Leben herbeizuführen. Außerdem sieht er seine Hauptaufgabe darin, Menschen zu »erwecken«, die aus seiner Sicht »eingeschlafen« sind. Diese Einstellung ist auch von anderen naturverbundenen Kulturen bekannt, etwa von den kolumbianischen Koogis oder den australischen Aborigines. Zum Beispiel sind die australischen Ureinwohner in der Lage, über ihren Instinkt auch in Trockengebieten Wasser und Nahrung zu finden. Sie sind noch (im Sinne Dr. Lens und der Hawaiianer) mit ihrem Leben in Fluss und mit ihren Instinkten verbunden. Hier sieht Dr. Len auch den zweiten großen Ansatz für seine Arbeit: Für ihn besteht der einzige Weg, unbewusste oder »schlafende« Menschen zu erwecken, in der Arbeit an mir, an meinem Inneren! Nach dem Motto »Ändere dich – und du änderst die Welt«.

Ho'oponopono bedeutet, dass ich die volle Verantwortung für mein Leben auf mich nehme. Ich habe es erschaffen. Also bin ich kein Opfer mehr, sondern kann Erschaffer werden. Ich erkenne das Du als meinen Spiegel und liebe dieses Spiegelbild. Da die Liebe alles erschaffen hat, kann im Moment der liebevollen Verschmelzung von Ich und Du die Liebe ganz wirken, durch das Tor meines Herzens. Je mehr ich in ein Bewusstsein von Liebe und Annahme komme, umso mehr kann ich das Problem als meine Kreation akzeptieren und Veränderungen vornehmen.

Für die alten Hawaiianer beginnen alle Probleme mit dem Denken. Doch das Denken allein ist nicht ausschlaggebend. Es sind vielmehr die immer wiederkehrenden Erinnerungen an längst vergangene schmerzhafte Erlebnisse, vielleicht schon als Kind, die unser Denken beeinflussen. Unbewusst bestimmen diese nicht gelösten Themen unser Denken. Der Verstand kann solche unbewussten »Programme« nicht überschreiben oder neu schreiben, da sie ihm ja nicht bewusst sind. Er kann nur die damit verbundenen und daher in meinem Leben auftretenden Probleme verwalten und managen. Heilen und lösen kann nur die nächsthöhere Ebene, wie schon Einstein bemerkte: »Probleme kann man niemals mit derselben Denkweise lösen, durch die sie entstanden sind.« Und genau das bewirkt Ho'oponopono.

Es hilft mir, alles zu lieben: mein Problem, meine Wut, einfach alles. Durch die innere Verbindung mit meiner Liebe kann die Liebe wirken. Dazu muss ich nicht einmal wissen, welcher Teil in mir da eigentlich wirkt. Denn die Liebe kennt diesen Teil, wenn ich mich mit ihr verbinde und bitte: »Heile diesen Teil in mir!« Man könnte auch sagen, dass bei diesem Prozess das Göttliche oder das höhere Selbst oder mein Herz wirkt und die »Fehler in mir«, wie die Hawaiianer sagen, neutralisiert und berichtigt. Die negative Energie, mit der ich unbewusst an die alte schmerzhafte Erinnerung gebunden war, wird damit befreit. So als ob der Seele eine Kette abgenommen würde, mit der sie gefesselt war. Letztlich löst die Technik des Ho'oponopono jedes Problem, mit dem ich an Körper, Seele und Geist verfangen sein kann. Wenn ich die Verantwortung dafür übernehme und sage: »Es tut mir leid, ich liebe dich, du Teil von mir«, dann beginnt das Wunder zu wirken. Der einzige Job, den das Denken dabei zu erledigen hat, besteht darin, ein Bewusstsein der Liebe und der Vergebung einzunehmen.

Das klingt zunächst völlig absurd und ist auch nicht im Sinne einer abenteuerlichen Schuldzuweisung gemeint. Es geht vielmehr darum, zu durchleuchten, ob wir nicht letztlich alle – wenn alles eins ist – nur verschiedene Rollen spielen, um uns gegenseitig viele Erfahrungen innerhalb des Spiels zu ermöglichen. So zumindest sehen es die Hawaiianer.

Mir, Bärbel, fiel das neulich bei einem Betriebsratsmitglied eines großen Konzerns auf: Der Mann liebt es, Skandale und kleine oder größere Betrügereien innerhalb des Unternehmens aufzudecken. Eine wichtige, edle Aufgabe, wie man so meinen könnte. Verdächtig erschien mir dann die Sache beim letzten Skandal, der mir zu Ohren kam. Er, der Betriebsrat, hat also einen Mitarbeiter einer Schummelei überführt. Der Schuldige gestand und gelobte Besserung: Er sei sogar erleichtert, dass es heraus sei, denn nun müsse er sich nicht weiter verstecken, sondern könne von vorne anfangen.
Nun hätte man vermuten können, auch Mister Betriebsrat sei froh und erleichtert, das Problem vom Hals zu haben. Dem war aber nicht so. Es gab gerade keinen weiteren Skandal, den er hät-

te aufdecken können, und das schien ihm auf irgendeiner Ebene zu missfallen. Er hackte weiterhin auf dem letzten geständigen Mann herum und versuchte immer wieder, noch mehr Details der eigentlich schon erledigten Angelegenheit herauszufinden und an den Pranger zu stellen. Dabei ging er aggressiv und respektlos vor.

Nun hätte der Angeklagte aus dem Spiel aussteigen und sagen können: »Ja, ja, das hatten wir doch alles schon. Du hast recht, das habe ich dir bereits gesagt. Ich habe alles zugegeben und will mich bessern. Was willst du noch?« Aber auch der Schuldige hing noch im Spiel fest: Er fing von vorne an, sich zu verstecken und Dinge zu verschleiern.

Keiner der Kollegen verstand, was für ein Spiel die beiden miteinander spielten – nichts anderes als ein Spiel scheint es tatsächlich zu sein: Mister Betriebsrat liebt es, düstere Geheimnisse aufzuklären und sich dabei als der Held zu fühlen. Mister Schuldig, der ja letztlich eins ist mit ihm, weil alles eins ist, tut ihm den Gefallen und übernimmt diese Rolle für ihn.

Nun ist Mister Schuldig aber auch hier auf der Erde, um eine spezielle Erfahrung zu machen und um ein bestimmtes Spiel zu spielen. Er spielt besonders gerne Verstecken. Dabei gerät er in Stress und sucht dann Erleichterung und Befreiung. Er will entdeckt werden, um wieder frei zu sein.

Dass die beiden aber noch nicht wirklich nach einer Lösung suchen, erkennt man daran, dass sie es weitertreiben, obwohl das Spiel längst vorbei ist. Mister Betriebsrat versucht die bereits aufgedeckten Geheimnisse noch mal aufzudecken und geht allen im Betrieb auf die Nerven, und Mister Schuldig versteckt wieder Dinge, die schon jeder weiß.

Sie haben sich gegenseitig erschaffen, um ihr Spiel spielen zu können. Durch ihre Resonanz mit dem Thema haben sie sich gegenseitig angezogen und sich die Situation selbst kreiert.

Genauso ist es mit Therapeuten und Patienten. Ein Therapeut zieht immer genau die Patienten an, die zu ihm passen. Indem er vermeintlich seine Patienten heilt, arbeitet er eigentlich an seiner eigenen Heilung. Die Patienten tun ihm einen Gefallen, wenn sie mit diesen Problemen bei ihm auftauchen. Letztlich, von der Ebene der Einheit betrachtet, haben die beiden sich gegenseitig erschaffen.

Ein Autor (hüstel, ja doch, auch wir!) schreibt immer über das, was er selbst noch lernen möchte, und ist selig über jeden Leser, der ein ähnliches Problem hat. Denn wäre so ein Autor der Einzige auf der Welt, der sich mit diesem Problem abmüht, würde er ja immer nur für sich selbst schreiben. Und genau das tut er oder sie im Grunde auch. Denn es ist ja niemand anders da – nur andere Ausstülpungen desselben einen Urbewusstseins, oder anders ausgedrückt: andere Berggipfel desselben Gebirges. Es braucht sich daher kein Autor einzubilden, er würde auch nur eine einzige Zeile schreiben, »um die Welt zu retten« oder irgendwem anders außer sich selbst zu helfen. Am Schluss ist immer nur ein Selbst da: jenes der Einheit. Und für eben dieses Eine schreiben wir, auch wenn wir es gerade nicht merken.

Das Gleiche gilt für Therapeuten: Wenn die Hand dem Fuß per Rezept warme Socken gegen Kälte verschreibt, dann ist ganz offensichtlich dem Gesamtmenschen auch nicht allzu warm.

Egal wie weit weg die Hand vom Fuß zu sein scheint, sie ist Teil desselben Organismus und zieht im Grunde die Socke dem Fuß nur an, um es selbst wärmer zu haben.

Die subatomare Sichtweise

Es gibt zwei Arten zu leben.
Die eine ist, so zu leben, als gäbe es keine Wunder.
Die andere ist, so zu leben, als sei alles ein einziges Wunder.

ALBERT EINSTEIN

Für meine Filmdokumentation »Bärbel Mohr's Cosmic Ordering« habe ich Ende 2007 Prof. Dr. Hartmut Müller interviewt, den Leiter des Instituts für Raum-Energie-Forschung in München. Sein Fachbereich ist Angewandte Mathematik.
Während die Filmcrew noch nach einer geeigneten Location suchte, hatten wir Gelegenheit, uns ein wenig über das beabsichtigte Thema hinaus zu unterhalten. Hartmut Müller berichtete mir von Forschungen an der Russischen Akademie der Wissenschaften, die 40 Jahre lang im Verborgenen gelaufen waren: Sie hatten in kein etabliertes physikalisches Modell gepasst und daher hatte man lieber erst mal geschwiegen. 1998 waren dann die gesamten 40 Jahre Forschung in einer ersten Publikation veröffentlicht worden, alle auf einmal – und hatten die Fachwelt schockiert.

Worum geht es?
Es geht darum, dass die Protonen im Atomkern stets genau wissen, wohin sie beim Zerfall fliegen werden. Jedes Proton zeigt

nämlich eine bestimmte Statistik, ein genau von anderen unterscheidbares Verhalten, wenn das Atom beispielsweise radioaktiv zerfällt. Und am Verhalten des Protons beim Zerfall kann man erkennen, ob es nach dem Zerfall Richtung Orion, Richtung Andromeda oder wohin auch immer fliegen wird.

Die Wissenschaftler begannen mit der Beobachtung von Alphazerfallsprozessen, aber mittlerweile haben sie denselben Effekt auch beim einfachen Fließen von Strom und bei Elektronen genauso wie bei Protonen konstatiert.

Die Fähigkeit der Teilchen, sich im Raum zu orientieren, ist so klar und so genau bestimmbar, dass sie sich für neuartige Positionierungssysteme ohne Satelliten einsetzen lassen. Man kann mithilfe dieser Prozesse bis auf einen Meter genau bestimmen, wo man sich im Raum befindet. Das heißt, wir werden beispielsweise in absehbarer Zeit unsere alten, von Satelliten abhängigen Navigationssysteme im Auto rauswerfen können und sie durch neuartige Navigationssysteme ersetzen, die aufgrund dieser Raumorientierungsfähigkeit der Protonen und Elektronen funktionieren.

Jetzt ist es den meisten Menschen egal, ob ihr GPS, wenn sie überhaupt eines haben, mit oder ohne Satellit funktioniert. Aber das Interessante daran ist ja, dass wir selbst, unser gesamter Körper, aus diesen »Dingern« besteht. Diese Forschungsergebnisse bedeuten, dass jedes einzelne Atom in unserem Körper zu jeder Zeit in der Lage ist, bis auf einen Meter genau festzustellen, wo wir uns gerade in der Welt aufhalten. Wir haben quasi ein eingebautes Navigationssystem in jeder Zelle und in jedem Atom.

Hartmut Müller erklärte: »Wir Menschen haben die Fähigkeit, uns im Raum zu orientieren, im Laufe der Zeit verlernt. Tiere sind darin besser und so finden Vögel beispielsweise ganz mühelos ihren Weg in den Süden, wenn es kalt wird. Theoretisch müssten wir das auch können, denn wir alle besitzen eine eingebaute Navigation auf subatomarer Ebene.«

Merkt euch das gut! Denn gleich tritt eine zweite Information hinzu und liefert uns die lückenlose und perfekte wissenschaftliche Erklärung, wie Bestellungen beim Universum funktionieren.

Das nächste Thema, über das wir bei heißer Schokolade und Kaffee im antarktischen Palmengarten von Schloss Nymphenburg sprachen (wir hatten zig Palmen um uns herum, aber in diesem Nebenraum war es lausekalt): Was ist Information?
»Eine Information können Sie nur verwerten, wenn Sie sich das Gehörte oder das Gelesene merken und wiederholen können. Wenn Sie es gleich wieder vergessen, hat sich die Information für Sie persönlich wieder aufgelöst«, erläuterte Hartmut Müller.
Ja, das konnte ich gerade noch verstehen.
»Die Information muss wiederholbar sein, um eine Information zu bleiben. Das heißt, Information entsteht erst durch Speicherfähigkeit und Reproduzierbarkeit. Ein Prozess, der sich in der Zeit wiederholt, ist per Definition eine Schwingung. Also ist jede Information eine Schwingung mit einer bestimmten Frequenz.«
Hm, okay.

»Je höher die Frequenz ist, desto mehr Information kann gespeichert werden. Und was meinen Sie? Sind hohe Frequenzen eher an kleine oder große Maßstäbe gebunden?«

Oje, auch noch nachdenken. Also mal überlegen: Wenn etwas langsam schwingt, ist die Frequenz niedrig, aber die Schwingungswellen sind groß und behäbig. Je kleiner die Wellen, desto schneller sind sie. Also musste die richtige Antwort lauten: »Hohe Frequenzen sind kleine Schwingungen.«

»Genau. Und deshalb haben auf eine große Schallplatte auch nur wenig Informationen gepasst, während auf eine kleinere CD schon viel mehr Informationen draufpassen, und auf den noch kleineren USB-Stick passen noch viel mehr Informationen drauf ...«

Nun machte es klick bei mir: »Das heißt, die größte Menge an Information wird auf subatomarer Ebene in den kleinsten Teilchen abgespeichert: in den Protonen und Elektronen.«

»Genau!« Herr Müller war zufrieden. Die Schülerin hatte es kapiert.

Aber nun wurde es erst richtig interessant:

»Wenn jemand sagt: ›Moment, ich muss erst nachdenken‹, setzt er Prozesse auf subatomarer Ebene in Gang. Die ganzen neuronalen Vorgänge wie Spiegelneuroneneffekte und so weiter sind nur Auswirkungen der quantenphysikalischen Prozesse. Denn der Geist hat Zugriff auf die Informationen der Teilchen auf subatomarer Ebene. Und er greift ständig darauf zu – ob wir das merken oder nicht. Das Problem ist auch hier: Eigentlich haben wir rund um die Uhr und ohne irgendetwas anderes als den eigenen Körper zu brauchen, Kontakt zur Information im

ganzen Kosmos. Auf subatomarer Ebene sind wir verbunden mit sämtlichen quantenphysikalischen Prozessen inklusive ihrer Nichtlokalität.«
Nichtlokalität soll heißen, dass diese kleinsten Teilchen, aus denen wir sowie alle Materie bestehen, die Eigenschaft haben, jede Information an den Rest des Universums weiterzugeben. Man kann die Information letztlich überall abrufen – wenn man es denn kann. Und das ist der springende Punkt.
Wir haben aufgrund unseres physischen Körpers alle Voraussetzungen, um über alle Vorgänge im Universum Bescheid zu wissen, aber das würde natürlich unseren Verstand komplett sprengen. Also wird selektiert, was für uns wichtig zu wissen ist – und was nicht.
In veränderten Bewusstseinszuständen können wir wieder auf die in jedem Atom in uns vorhandene Gesamtinformation zugreifen. Und manche Kulturen, sogenannte primitive Völker oder die Tiere, können es auch ohne veränderte Bewusstseinszustände – einfach durch ihre Absicht, dies oder jenes zu wissen.

In den Worten eines Universumsbestellers heißt das:
Ich kam, sah, bestellte – und schon setzen sich die quantenphysikalischen Prozesse in mir in Gang. Denn sobald ich eine klare Absicht formuliere, sucht bereits jedes einzelne Proton und jedes Elektron in jedem meiner Atome nach der bestmöglich dazu passenden Information im ganzen Universum.

Traumpartner mit 875 spezifischen Eigenschaften gesucht? Kein Problem, geortet auf dem Planeten Orion vor 1156 Jahren, bleep, Ende.

Und wir sitzen hier und jammern, dass er nicht auftauchen will! Das Universum kann nichts dafür, glaub es mir.

Denn: Erinnere dich an Teil 1 der Information von Professor Müller: Wir alle besitzen eine eingebaute Navigation auf subatomarer Ebene.
Sobald du etwas bestellst, das auf der Erde möglich oder bereits existent ist, finden alle Protonen in dir diese Information auch, und dann versuchen sie, dich dorthin zu navigieren.

Wenn etwas nicht klappt, liegt es nicht am Universum, sondern daran – und auch das wollte ich natürlich von Hartmut Müller wissen –, dass wir nicht entspannt im Fluss mit der Lebenskraft sind. Sobald wir nämlich unter irgendeiner Art von Stress stehen (Leistungsdruck, Mangelgefühle, Ablehnung der gegenwärtigen Situation – »Das muss jetzt unbedingt sofort geliefert werden« – und ähnliche Gefühle), unterliegt unser ganzes System diesem Druck.
Unter Stress jedoch verlassen die Teilchen ihren Eigenschwingungsmodus und koppeln sich von der Gesamtinformation ab. Sie bewegen sich immer uneffizienter und verbrauchen dabei mehr Energie als nötig. Schließlich verbrauchen sie ihre energetischen Ressourcen und geraten in eine Zwangssituation. Und in einem solchen Zustand ist Schluss mit Zugriff auf universelle Informationsfelder und Schluss mit subatomarer Navigation.

Bestellungen in der Not funktionieren daher nur, wenn du noch genügend Vertrauen ins Universum aufbringst und bereit bist, alles, was kommt, trotzdem in Liebe anzunehmen. Nur dann bleibt deine subatomare Navigation noch aktiv. Is' halt so. Das haben wir alle gemeinsam so erfunden, denn wir sind ja alle eins.

Das heißt mal wieder – und nun sogar mit wissenschaftlicher Erläuterung: Unter Stress und Druck geht gar nichts. Wir sind mit unserem Bewusstsein dafür verantwortlich, dass wir uns mit uns selbst wohlfühlen und mit der Realität, so wie sie jetzt ist, im Einklang sind. Nur dann funktionieren die Quanteneffekte auf der subatomaren Ebene unseres Seins ordnungsgemäß und nur dann können wir auf die nötigen Informationen zugreifen und uns von der inneren Stimme dorthin navigieren lassen.

Take care of yourself – kümmere dich um dich selbst. Übernimm die Verantwortung für dich selbst, pass auf dich selbst auf, sei lieb zu dir selbst. Sonst legst du selbst deinen ganz persönlichen Draht ins Universum lahm. Du funktionierst als Mensch einfach so, dass du diese Grundvoraussetzungen brauchst.

Wem das missfällt, dem bleibt nur die Möglichkeit, sich nach dem Tod auf die Suche nach irgendeinem Urschöpfer zu begeben und sich bei ihm bitterlich zu beschweren. Aber so wie ich die Sache verstehe, begegnest du vermutlich auch dort nur einem anderen Teil von dir selbst. Letztlich beschwerst du dich doch nur wieder bei dir selbst. Also kannst du auch gleich damit anfangen, dich mit dir selbst und deinen Schöpfungen zu versöhnen. Denn eben diese Versöhnung mit dir selbst treibt deine universelle Navigation zur höchsten Leistungsfähigkeit an.

Und diese Versöhnung in Liebe mit allem, was ist, geschieht gerade dann, wenn man die aus dem Ho'oponopono entwickelten Techniken anwendet – und natürlich auch das Original-Ho'oponopono selbst.

Die psychologische Sichtweise

*Schwierigkeiten, die ich jetzt löse,
bleiben mir in Zukunft für immer erspart.*

DALAI LAMA

Worauf ich meine Aufmerksamkeit richte, dem gebe ich Energie. Und so sind es unsichtbare Ketten aus der Energie meiner Aufmerksamkeit, die mich mit den alten ungelösten schmerzhaften Erinnerungen verbinden. Und das, obwohl diese Erfahrungen natürlich »nur« unter der Oberfläche brodeln und mir nicht bewusst sind. Die Psychologie nennt diesen Vorgang Verdrängung, denn etwas in mir konnte die früher einmal erfahrene schmerzhafte Situation nicht bewältigen und hält sie daher unter meiner Bewusstseinsschwelle: Es will mich noch immer vor dieser Erfahrung schützen. Dieser Teil in mir meint es eigentlich nur gut mit mir. Aber da ich hier etwas in mir ablehne, im Grunde sogar unterdrücke aus Angst vor Schmerz oder eben vor dieser Erfahrung von damals, gebe ich diesem Teil in mir ganz viel Energie – sozusagen wie einem Notstromaggregat, das immer noch läuft, obwohl ich es heute gar nicht mehr bräuchte. Man könnte auch sagen, in meinem Lebenshaus gibt es daher viele kleine Energiefresser, die mich Strom kosten und meine Kraft rauben. Sie schaffen mir Probleme, die ich gar nicht sehen kann, denn sie sind zu tief im Keller vergraben.

Um eine Idee davon zu bekommen, was die Hawaiianer meinen, wenn sie all unsere tagtäglich auftretenden Probleme mit diesen unerlösten Erfahrungen verbinden, nehmen wir einmal das Beispiel eines genormten »Standardmannes«. Nennen wir ihn Dummy, denn das Beispiel läuft früher oder später auf einen realen Crashtest hinaus, wie ihn das Leben eben spielt. Der »Standardmann« hat als Kind bestimmte Erfahrungen mit älteren Menschen gemacht, meistens mit Vater oder Mutter, mit anderen Angehörigen, Lehrern, Trainern, Nachbarn und so weiter. Manche dieser Erfahrungen waren zu schmerzhaft für das Kind, und so wurden sie nicht bewältigt, sondern blieben unerlöst und als Schmerz im Unterbewusstsein stecken. Eine Instanz in ihm, die mit dem Kind von damals zu tun hat, lebt nun bis heute weiter mit der unterschwelligen Angst, so etwas könnte ihm wieder passieren.

Kommt es nun im Leben zu einer Konstellation, die diesen verletzten Teil Dummys antriggert, wird diese alte Situation wieder von der Festplatte abgespult und er reagiert aus diesem alten Schmerz heraus. Je nach Stärke der verdrängten Erfahrung kann die »Antwort auf das Leben« mitunter irreal überzogen und aggressiv ausfallen. Oft geschieht sie auch für die anderen Menschen in dieser Situation völlig unerwartet. Da haben wir den Salat! Aus einer eigentlich normalen Situation wird ein Pulverfass, ein Crash. Jetzt werden auch die anderen Menschen in dieser Situation die günstige Gelegenheit nutzen und die Reaktion von Dummy als Angriff oder Beleidigung werten, indem sie ihre eigenen schmerzhaften Erfahrungen ins Lebensspiel bringen. Denn ihre unerlösten Teile wollen ja bitte schön auch mitspielen.

Mit diesem Szenario haben wir auch schon einen Einblick gewonnen, was die Hawaiianer als »Traum« bezeichnen: Der unerlöste, schmerzbezogen handelnde Teil in uns sieht nicht mehr die Wirklichkeit, sondern handelt aus den alten Notfallprogrammen heraus. Ich handle dann aus einem Schutzreflex heraus und werde zum Opfer der »bösen« Umstände, die eigentlich doch gar nicht so böse sind. Ich interpretiere sie eben falsch. Ich reagiere somit falsch darauf.

Besonders nett wird dieses Wechselspiel in der Partnerschaft: Die Ehefrau wird dann gern zur Projektionsfläche der Verletzungen, die der Mann vonseiten der Mutter erlebte und nicht erlöst hat. Und natürlich löst umgekehrt der Ehemann die schmerzhaften Erinnerungen in der Frau aus, die vom Vater herrühren. Aus seelischer Sicht ist das gar nicht so blöd, denn die Seele will heil werden. Sie sucht sich daher den passenden Lebensgefährten, um die roten Knöpfe des Unterbewusstseins zum Glühen zu bringen. Irgendwann sollen ja die Themen erlöst werden, damit die Seele energetisch frei wird von diesen alten Verstrickungen. Die unbewusste Auswahl des Liebespartners nach diesem Kriterium der »roten Knöpfe« ist nicht zu unterschätzen:
Die Paarpädagogin Barbara Kiesling beschreibt dies sehr drastisch: »Mach dir mal eine Liste mit allen schlechten Eigenschaften, die deine Partner deiner bisherigen Partnerschaften hatten.«[4]

---

[4] Siehe ihr Buch »Der andere ist nicht die Hölle. Wie Paare dem Himmel näherkommen«.

Das kannst du jetzt gern mitspielen:
Und nun formuliere daraus eine Anzeige, die du vor langer Zeit mithilfe deines Unterbewusstseins in eine unsichtbare Zeitung gesetzt hattest – so nach dem Motto: »Ich suche einen Partner, der völlig liebesunfähig ist, der mich nicht beachtet, der mich betrügt und erniedrigt. Er soll unfähig sein, meine Liebe anzunehmen, und mich nach kurzer Zeit wegen einer anderen wieder verlassen ...«

Unglaublich, oder? Aber genau diese Absicht hast du irgendwann aus deinem Bewusstsein ausgestrahlt, und genau das ist auch der Hintergrund von Ho'oponopono. Du hast dir diesen Partner im Grunde selbst kreiert; dieser Mann, diese Frau musste so sein, um deinem Lebensfilm, deinem inneren Drehbuch zu entsprechen. Denk daran: Hinter jedem deiner Probleme liegen Gedanken, die auf einer nicht geheilten Verletzung in dir beruht. Und das Problem will dir nur deine Verletzung zeigen, damit sie geheilt werden kann. So lautet der kosmische Plan.

Das genau ist auch die gute Nachricht: Ho'oponopono kann aus Sicht der Hawaiianer alle Energien und Probleme heilen, auch jene, die bis zu den tiefsten Wurzeln unserer Ursprungsfamilien zurückreichen: auf mikroskopischer Ebene genauso wie zurück in der Zeit. Und eine hoffnungsvolle Nachricht ist, dass die Kinder des neuen Jahrtausends unsere Welt verändern werden, da sie ein Gefühl von Liebe und Annahme mitbringen, das kaum noch zu erschüttern sein wird. »Werdet wie die Kinder, und ihr werdet mein Königreich errichten ...«

Ralf schrieb uns nach einem Workshop:

»Lieber Manfred,
danke für die sehr lehrreichen Stunden, die wir mit Euch verbringen durften. Am Sonntagabend wurde der Inhalt des Seminars direkt von uns in die Realität umgesetzt:
Meine Frau fragte sich, warum sie mit unserem Pflegekind Lukas (2½ Jahre) immer wieder so aneinandergerät, obwohl sich beide doch so sehr lieben. Denn Lukas versucht immer mit aller Macht seinen Willen durchzusetzen, und er hat einen immens starken Willen! Auffallend war, dass hauptsächlich meine Frau mit ihm Konflikte austrug. Nun wurde ihr durch Eure Technik bewusst, dass sie diese Wut von Lukas wohl anzog bzw. spiegelte. Wir fragten uns am Samstagabend auf dem Heimweg, woran dies liegen könnte. Dann fiel es uns wie Schuppen von den Augen, denn meine Frau hat eine psychisch belastete Kindheit erlebt und hatte darüber aber noch nie mit ihren Eltern gesprochen. Dies tat sie ihrem Ego zum Trotz dann am Sonntagabend. Und es war befreiend! Sie sagte alles, wie sie es damals empfunden hatte, aber auch dass sie ihnen jetzt verziehen hat. Nun hat sich ihr Verhältnis zu Lukas endlich entspannt, denn auch wenn Lukas der Gleiche geblieben ist, so ist doch eine spürbare Erleichterung zu bemerken. Hierfür Euch auch herzlichen Dank!«

Erfolgreich gehoppt

*Der kleine Junge betrachtete den Stern und fing an zu weinen.
Der Stern fragte ihn: »Warum weinst Du?«
Der Junge gab zur Antwort: »Weil Du so weit fort bist und ich
Dich nicht berühren kann!«
Da erwiderte der Stern: »Kleiner, wenn ich nicht schon
in Deinem Herzen wäre,
könntest du mich gar nicht sehen!«*

JOHN MAGLIOLA

Eine Dame hatte eine Liebesbeziehung mit jemandem, den sie eigentlich lieber nur als guten Freund haben wollte. Bevor sie jedoch die Beziehung beendete, machte sie die Hoop-Übungen mit ihm. Am nächsten Morgen rief er sie unverhofft an und fragte, ob sie irgendetwas gemacht habe. Er habe sich am Abend zuvor plötzlich so gefühlt, als würden ihm Steine vom Herzen fallen.
Inzwischen sind die beiden gute Freunde, und es funktioniert.

»Ich (ein Workshop-Teilnehmer) bin hier in Berlin (Ort geändert) in einem technischen Unternehmen für den Bereich Qualität verantwortlich. Nun wurde mir letzte Woche ein Problem von einem Fertiger gemeldet, wonach sich manche unserer Bauteile fehlerhaft verhalten, aber sie den Fehler nicht lokalisieren können. Meine fernmündliche Diagnose, dass der Fertiger eine fehlerhafte Bauteilcharge habe und ein ganz bestimmtes Bauteil auf der Hauptplatine defekt sei, wurde nicht akzeptiert. Stattdessen vermutete unser Zulieferer den Fehler an anderer Stelle. Er wollte mir also ein Gerät zur Analyse zuschicken, und ich machte mir das halbe Wochenende Gedanken darüber, wie ich meine Behauptung bestätigen könnte. Im Workshop arbeitete ich also auch mit der neue Technik des Ho'oponopono daran. Als ich am Dienstagmorgen zur Arbeit kam, fand ich eine E-Mail von der Angebotsplanung eben dieses Zulieferers vor, aus der hervorging, dass es einen Product Alert für eben dieses Bauteil gab. Mein Gefühl war also richtig und mein Wunsch, einen Beweis dafür zu erhalten, ging ebenfalls umgehend in Erfüllung.«

Ich (ein anderer Workshop-Teilnehmer) bekam spät in der Nacht Hunger und aß noch etwas, und zwar etwas viel. Als ich schließlich im Bett lag, hatte ich Bauchschmerzen – was mich nicht wunderte. Schließlich kannte ich mich damit aus, wie ungesund spätes Essen ist. Die Bauchschmerzen mussten eigentlich schon aufgrund meiner festen Glaubenssätze auftreten. Also stellte ich mir die Frage, warum ich nicht einfach gut schlafen konnte, auch wenn ich spät gegessen hatte. Als Kind hatte mir das schließlich auch nie etwas ausgemacht. Warum und womit verursachte ich also heute die Bauchschmerzen?
Mit ganz viel »Tuuuuut mir leid« gab sich mein Bauch zufrieden, beruhigte sich und ich schlief die ganze Nacht blendend.

Eine Dame hatte Schlafprobleme. Claudia, eine Vortragsveranstalterin von uns, erklärte ihr die Verständnis- und die Herzenstechniken und übte sie mit ihr. Prompt schlief auch diese Dame in der nächsten Nacht ganz hervorragend.

»Lieber Manfred,
nach Deinem Workshop ist mir Folgendes passiert. Gern erzähle ich Dir meine Geschichte:
Im April dieses Jahres hat der Assistent und Stellvertreter meines Abteilungsleiters die Firma verlassen. Zudem ist ein wichtiger Kollege seit Februar krank. Als mein Abteilungsleiter im Mai plötzlich ins Krankenhaus kam, wurde ich von der Geschäftsführung angewiesen, die Leitung zu übernehmen. Das klappte auch sehr gut.
Im Juni war mein Chef dann drei Wochen in Urlaub und ich sollte wieder zusätzlich die Vertretung und seinen Aufgabenbereich übernehmen. Dieses Mal lief alles so reibungslos, dass unser Geschäftsführer meinem Chef anbot, die zwei Tage bis Monatsende auch noch freizunehmen, schließlich wäre alles im Lot. Mein Chef, von Hause aus der Typ Mensch, der jede Belobigung gerne auf sich bezieht und jeden Fehler gerne bei anderen sucht, empfand diese Aussage natürlich als Lob an ihm. Er nahm die beiden Tage aber nicht frei. Stattdessen übernahm er wieder die Organisation und wurde nach ein paar Tagen zur Geschäftsführung bestellt. Dort wurde er gefragt, wie es sein könne, dass in seiner Abwesenheit alles funktionierte und seit der Zeit, da er wieder da sei, Chaos herrsche!
Na ja, da er, wie gesagt, der Typ Mensch ist, der Fehler gerne bei anderen sucht, ließ er seit dieser Zeit seinen ganzen Unmut

an der Abteilung und insbesondere an mir aus. Also dachte ich mir am Wochenende in Deinem Workshop, dann gehst Du mal in Dich und schaust, was für ein Problem er hat und wie ich es erschaffen habe ...
Am Montagmorgen wurde er gleich zum Geschäftsführer bestellt, kam nach einer ganzen Weile wieder und meinte nur, er habe gehörig den Kopf gewaschen bekommen. Aber er ließ seinen Unmut nicht mehr an uns aus, im Gegenteil, er verhielt sich wieder ganz normal und gestand auf einmal sogar einen Fehler ein, den er gemacht hat. Seit der Zeit herrscht hier wieder eine völlig entspannte Atmosphäre! So, jetzt sollte ich dann nur noch mit meiner Vergangenheit Frieden schließen, dann klappt es bestimmt auch mit meiner Traumfrau ... ☺«

Eine Mutter erzählte mir, dass ihr 13 Jahre alter Sohn total auf dem Coolnesstrip sei: Seine aktuelle Priorität im Leben widmet er dem Anliegen, ob er auch die richtigen angesagten Unterhosen trägt, die dann ordnungsgemäß hinten über den Hosenbund rauszustehen haben, damit jeder weiß, man trägt die coolen Unterhosen und nicht irgendwelche geächteten Modelle. Zu dem Zweck muss die Hose immer ganz tief in der Hüfte hängen, kurz vor dem Absturz.
Das habe ich übrigens schon von mehreren Müttern gehört. Einer dieser Sohnemänner wird sogar vom besten Freund beim Unterhosen-Einkauf beraten, damit er auch ja die coolen angesagten kauft und nicht irgendwas »Peinliches«.
Tragikomisch erscheint die Tatsache, dass gerade solche Hosen nicht peinlich sein sollen, wenn man weiß, woher diese »Mode« stammt: Sie kommt von entlassenen Häftlingen, denen man

in der Haftanstalt den Gürtel abgenommen hat, damit sie sich nicht aufhängen können. Nach ihrer Entlassung schlurfen sie dann erst mal ohne Gürtel durch die Gegend, und dann hängt eben die Hose.

Nun, jedenfalls war dieser Sohn, der oben erwähnte 13-Jährige, so cool, dass es einfach keinen Spaß mehr machte, mit ihm zu leben. Die Mutter wendete unsere Verständnistechnik an. Was sie dabei im Einzelnen für sich entdeckt hat, haben wir nicht diskutiert, aber dafür das Ergebnis:

Die erste Veränderung war, dass die Mutter mehr Verständnis für ihren Sohn empfand und sich weniger Sorgen machte. Als Nächstes fiel ihr das Buch »Jungen! Wie sie glücklich heranwachsen« von Steve Biddulph in die Hände. Darin steht unter anderem, dass Jungen dringend positive männliche Vorbilder um sich herum brauchen (erstens keine ständig arbeitenden Väter und zweitens noch weitere Mentoren dazu, je älter sie werden), ansonsten befällt sie die Coolness-Krankheit.

Frauen würden sich in der Regel eher selten fragen, ob sie eine »richtige Frau« sind. Aber Männer fragen sich ständig, ob sie auch »richtige Männer« sind. Und wenn sie keine geeigneten Vorbilder in der Teenagerzeit um sich haben, schließen sie sich in ihrer Orientierungslosigkeit anderen Orientierungslosen an: Gemeinsam machen sie auf cool und tun so, als wäre ihnen alles klar, während sie in Wirklichkeit völlig ratlos hinsichtlich ihrer eigenen Identität und der Zielrichtung ihres Lebens sind.

Diese These erschien der Mutter sehr schlüssig. Sie rief einen alten Schulfreund von früher an, den sie einmal im Jahr sah und den ihr Sohn sehr mochte. Sie schilderte ihm das Problem und fragte ihn, ob er nicht den Posten eines Mentors für ihren

Sohn übernehmen und ab und zu etwas mit ihm unternehmen wolle. Glücklicherweise fühlte sich der alte Schulfreund geehrt und war gleich einverstanden.
Ein zweiter Mentor in Gestalt eines jungen Sportlehrers im Verein wurde gefunden – und von da an wurde alles anders. Schluss, aus und vorbei mit überzogener Coolness. Auf einmal wanderten die Hosen wieder ein paar Zentimeter höher, denn Sohnemann hatte etwas anderes außer Unterhosen gefunden, womit er sich identifizieren konnte. Und auch sonst war alles anders. Er hatte plötzlich bessere Laune, sprach wieder mit normaler Stimme, bewegte sich unverkrampfter, fand neue Freunde und ging viel relaxter mit seiner Mutter um. Schließlich verriet die Mutter ihm sogar die Verständnistechnik, die sie auf ihn angewendet hatte.
Seitdem wendet er selbige auf seine alten Freunde an, weil er meint: »Die nerven grad.«
Leider ist mir bisher nicht bekannt geworden, ob das auch zu irgendwelchen Ergebnissen geführt hat.

Wir haben derzeit einen 19-jährigen Au-pair-Jungen und er liebt unsere Sitzungen mit den verschiedenen Techniken. Einmal hat sich Paul gewünscht, dass wir seine Schwester hoppen. Sie ist 13 Jahre alt und so cool, dass es selbst ein 19-Jähriger schlecht aushalten kann. Wenn er sie fragt, wie es ihr geht, sagt sie: »Okay.« Und damit ist die Konversation beendet.
»Wie war die Schule?«
»Okay.«
»Was gibt es Neues?« Ha ha, eine Fangfrage, da müsste man normalerweise mehr als ein »Okay« von sich geben. Aber Pus-

tekuchen. Sie zuckt nur lässig mit den Schultern und sagt gar nichts mehr.

Es tat ihm leid, dass sie mit der ganzen Familie Streit und Probleme hatte, seitdem er nach Deutschland gekommen war. In der Zeit davor konnte er immer noch mit ihr reden, bevor sie ganz explodierte, aber nun fehlt ihr der Sicherheitspuffer Bruder. Sie schweigt sich aus.

Also haben wir sie gehoppt. Nichts ist interessanter, als sich in einen Teenager oder in Kinder einzufühlen. Da landet man natürlich prompt bei den eigenen Kindheitsthemen. Wir haben also die Fragen gehoppt: »Wenn ich so cool wäre, warum wäre ich es?«, und: »Wenn ich der Bruder wäre, warum hätte ich mir so eine Schwester erschaffen?«

Eine gute Woche später erstattete uns Paul breit grinsend und stolz Bericht: Er hatte Post von seiner Schwester bekommen. Sie hatte geschrieben, dass sie ihn lieb hat und dass sie ihn vermisst. Wow, ein megagroßes Wunder. Aber es kam noch besser. Er hatte mit ihr telefoniert, und zwar fast eine Stunde lang. Sie hatte ihm »gaaanz viel« erzählt und mit ihm gelacht und gescherzt. Als die Mutter schließlich ans Telefon kam, fragte sie völlig erstaunt, wie er das geschafft habe und was er mit seiner Schwester gemacht habe.

Er hat es ihr erzählt: Cosmic Ordering und Ho'oponopono, die ganze Palette. Jetzt will sie mir schreiben und noch mehr wissen.

Unser Au-pair Paul ist seitdem wirklich eifrig am Mithoppen. Hier ein weiterer Erfolgsbericht von ihm. Paul kommt übrigens aus Ecuador. Er hat den Bericht selbst geschrieben, allerdings in Englisch; ich habe ihn übersetzt:

»Letzte Woche fuhr ich mit der S-Bahn ins Kletterzentrum. Ich liebe klettern. Mir gegenüber saß ein Paar und ich beobachtete etwas, das mir merkwürdig erschien: Der Mann sah aus dem Fenster und wirkte gedankenverloren und ernst. Sie streichelte ihn und schien darauf zu warten, etwas liebevolle Zuwendung erwidert zu bekommen, aber er starrte weiter nur gedankenverloren aus dem Fenster.
Sein Verhalten erinnerte mich an mein eigenes und daran, dass ich meine Exfreundin genau deswegen verloren hatte. Ich fühlte in mich hinein und fragte mich: ›Wenn ich so handele, warum handele ich so?‹
Und ich erkannte, dass es zum einen Stolz war und zum anderen der Wunsch, Stärke zu demonstrieren. Beides hinderte mich daran, meine Gefühle auszudrücken. Dabei wollte ich mich eigentlich umdrehen und sie in den Arm nehmen und ihr sagen, dass ich sie liebe, aber mein Stolz ließ es nicht zu.
Also sagte ich innerlich zu mir selbst: ›Es tut mir leid, ich verzeihe mir, ich liebe mich – und danke, danke für diese Erkenntnis!‹
Ganz plötzlich fühlte ich mich völlig anders, wie befreit von diesen alten eingrenzenden Gefühlen.
Nur wenige Sekunden später drehte sich der Mann mir gegenüber um und umarmte seine Frau. Ich war total sprachlos und konnte kaum glauben, wie kraftvoll und effektiv diese Technik ist. Ich konnte in Gedanken nur immer wieder wiederholen: ›Danke, danke, danke.‹«
Süß, oder? Pauls Bericht und die Wirkung ähneln der Friedesei-mit-dir-Technik aus »Bestellungen beim Universum«. Nur dass das Hoppen viel klarer ist, dass man in Wirklichkeit sich

selber heilt und nicht den anderen. Man lässt den anderen ganz in Ruhe, und genau das macht den Effekt noch kraftvoller.

Laura ist Lehrerin. Immer wieder gibt es Pubertierende in ihren Klassen, die ihr das Leben ganz schön schwer machen. Ein 11-jähriger Junge namens Markus sticht besonders hervor. Immer wieder wird ihm langweilig, er stört und pöbelt, sodass es des Öfteren vorkommt, dass Laura ihn vor die Tür setzen muss. Sie kann sich einfach nicht anders helfen.
Dann war sie bei einem von Manfreds Abenden und probierte die Technik von Ho'oponopono mit Markus aus. Sobald er störte und schwierig wurde, nahm sie den Teil von ihr in ihr Herz, der dieses Problem erschaffen hat. Sie fühlte sich mit der »Bärbel-Technik« in Markus ein und fragte sich: »Wenn ich mich so verhalten würde, warum würde ich das tun?« Und sie fand ihre eigene Langeweile, eben die Themen ihrer Kindheit. Und wenn sie sich fragte, warum sie sich so einen schwierigen Schüler erschaffen hatte, dann tauchten Antworten auf, die mit ihr selbst zu tun haben. Letzten Endes fand sie heraus, dass sie genau darum auch Lehrerin geworden ist.
Schon nach kurzer Zeit änderte sich Markus' Verhalten. Wo er früher aufmüpfig war und Laura nicht mal grüßte, kommt er heute in die Klasse und ruft: »Hallo, Frau G., wie geht es Ihnen?« Er macht viel besser im Unterricht mit, und wenn er zu viel Energie hat, gibt Laura ihm eine Aufgabe oder lässt ihn um den Klassenraum rennen. Es ist ein kleines Wunder, aber Laura meint, es komme daher, dass sie ihre Einstellung gegenüber Markus grundlegend ändern konnte, da sie sich immer wieder selbst in ihm sieht.

Eine Seminarteilnehmerin von uns ist seit vielen Jahren geschieden und hat zwei Kinder. Der Exmann hat wieder geheiratet, doch seine neue Frau hat sich jetzt nach einigen Jahren ebenfalls von ihm getrennt. Die Teilnehmerin hat ihm daraufhin einen einzigen Satz per SMS geschrieben: »Komm zurück nach Hause.« Er hat nicht darauf geantwortet, sondern als Nächstes den Kindern geschrieben, dass er keine Zeit mehr habe und sie nur noch ganz selten sehen kann.

Hier die Frage zum Mitmachen: »Wenn du der Exmann wärst und so einen Satz geschickt bekommen hättest: Warum hättest du dann den Kindern geschrieben, dass du keine Zeit mehr für sie hast?«

Hier die sehr vielfältigen Antworten aus der Gruppe:

- Ich hätte mich von dem Satz »Komm zurück nach Hause« stranguliert gefühlt und hätte die Flucht ergreifen müssen.
- Ich hätte das Geschenk der Liebe nicht ausgehalten. So viel Großherzigkeit hätte mich erdrückt.
- Ich hätte mich geschämt, dass ich diese Frau überhaupt je verlassen habe, und müsste mich jetzt vor lauter Scham verstecken.
- Ich würde so handeln, wenn ich mein eigenes Leben leben wollte und Angst hätte, dass sich meine Exfrau einmischen will.

An der Stelle hatte ich eine Frage: »Das klingt, als wärt ihr alle

der Meinung, dass die Absage an die Kinder eigentlich eine Absage an die Exfrau ist und mit den Kindern nicht wirklich etwas zu tun hat?«
Alle im Saal nickten.
»Ist jemand anderer Meinung?«
Keiner der 200 Anwesenden meldete sich.

Dann schauten wir die andere Seite an: »Stell dir vor, du wärst die Exfrau und hättest deinem Exmann so einen Satz geschrieben: ›Komm zurück nach Hause.‹ Warum hättest du das getan?«

- Ich hoffe auf eine zweite Chance in der Beziehung.
- Ich hätte so einen Satz geschrieben, wenn ich ihn insgeheim loswerden wollte, aber es nicht offen sagte könnte.
  Ich hätte so etwas geschrieben, wenn ich will, dass er den Kontakt zu mir und den Kindern abbricht. (Diese Aussage eines Mannes verursachte ein kurzes Rumoren im Saal.)
- Ich hätte das geschrieben, weil ich noch immer an ihm hänge und jetzt endlich ein klares Ja oder Nein haben will, um endlich innerlich frei zu sein. Eigentlich würde ich auch versuchen, ein Nein herauszufordern, damit klar genug ist, dass ich endlich loslassen kann.
- Ich würde das schreiben, wenn ich mich ihm gegenüber wie eine Mutter ein wenig von oben herab fühlen würde. Ich wäre der Meinung, dass ich besser weiß als er, was gut für ihn ist, und wenn ich ihn reumütig zur Tür hereinkriechen sehen wollte.

- Ich würde so einen Satz schreiben, weil ich eigentlich lernen will, loszulassen.
- Ich hätte den Satz aus Unvorsichtigkeit geschickt und hätte mich eigentlich damit verraten: dass ich nämlich die ganze Zeit energetisch noch an ihm ziehe.

Die Seminarteilnehmerin, um deren Problem es ging, dachte lange über die Antworten nach und gelangte zu dem Ergebnis, dass vieles davon zutraf. »Ich wollte ihn beschämen, das wird mir jetzt klar. Und auch, dass er *mich* lossein will, nicht die Kinder.«

Ich hatte die Telefonnummer dieser Frau und rief sie zwei Monate später an, ob sich etwas geändert habe. »Und ob«, war die erfreuliche Antwort. Die Tür, die vorher für immer verschlossen zu sein schien, ist wieder aufgegangen. Es fing mit E-Mail-Kontakten zu den Kindern an; inzwischen haben er und sie sogar wieder friedlich und entspannt miteinander telefoniert und die Kinder waren einige Tage zu Besuch bei ihm – länger denn je. Und die Frau berichtete mir außerdem: »Ich hab sogar neulich gewagt, ihn zu fragen, ob er an einem Schulprojekt seiner größeren Tochter mitmachen will. Da brauchen sie vier Tage eine Begleitung von einem Papa. So was hat der bisher nie gemacht. Aber er hat zugesagt. Das ist ein Hammer.«
Von Therapeutenfreunden weiß ich, dass Probleme zwischen Expartnern und den Kindern eigentlich nie mit den Kindern selbst zu tun haben (besonders bei kleinen Kindern), sondern immer ein Ausdruck der Spannungen zwischen den Eltern sind. Wenn die Eltern Frieden schließen, sich gegenseitig ganz los-

lassen, sich vergeben und auch aus der Ferne respektvoll und akzeptierend miteinander umgehen, verschwinden meist auch die Probleme mit den Kindern.

Beispiele zum Mitmachen

Probleme kann man niemals mit derselben Denkweise lösen, durch die sie entstanden sind.

ALBERT EINSTEIN

Zur Erinnerung ein paar der möglichen Sätze, die du zu dir selbst sagen kannst:

Es tut mir leid.
Ich fühle mit dir. *(Du sprichst zu dir selbst.)*
Ich danke dir.
Ich nehme dich an.
Ich verzeihe dir.
Ich danke dem Problem, dass es da ist.
Ich bin bereit, das Geschenk im Problem ganz anzunehmen.
Ich liebe mich.
Du wirst von mir geliebt. *(Du von dir.)*

Bei den Beispielen im Folgenden kannst du jeweils mitüben. Du kannst auch zuerst die DVD ansehen (am PC oder DVD-Player deines Fernsehers) und dabei mitmachen.
Zuerst wird immer das Problem geschildert, und bevor du die Antworten der anderen liest, fühlst du in dich selbst hinein, welche Antworten in dir auftauchen. Es gibt kein Falsch oder

Richtig. Jeder findet immer das in sich, was ihn am ehesten ausdrückt. Die Beweggründe des anderen sind völlig unwichtig. Es geht darum, das zu heilen, was du an Resonanz zum Thema in dir findest.

Die Heilung besteht stets darin, zu sagen: »Wenn *ich* so handeln würde, dann würde ich es tun, weil ... Und wenn ich zu *mir* sage, es tut mir leid, ich verzeihe mir, ich liebe mich, dann ändert das *meine* Gefühle auf folgende Weise.«

Wir erraten niemals die Beweggründe des anderen, sondern schauen nur unsere eigenen an – und heilen sie. Wir gewinnen Verständnis und Mitgefühl und wir heilen die Energie, die wir in die Welt senden. Sehr häufig ändert sich ganz viel im Außen und im Verhalten des anderen. Aber nicht immer. Manchmal änderst nur du dich und hörst auf, den anderen ändern zu wollen.

In den folgenden Beispielen war es in allen Fällen so, dass die Betroffenen bezüglich einer bestimmten Situation oder Person überaus angespannt und gestresst waren.

Allein durch die Übungen und die gefundenen Antworten fanden sie Erleichterung und Entspannung für sich und schlossen Frieden mit der vorhandenen Situation. Ein großer Teil des Stresses war bereits verflogen, sodass sie auf einmal wesentlich lockerer und gelöster wirkten.

Eine Frau beklagte sich über ihre Schwester. Diese war gerade im Begriff, sich von ihrem Partner zu trennen. Alle wussten es schon, nur der Partner noch nicht. Sie behandelte ihn von oben herab und mit Spott, um bei den anderen gut dazustehen, wie es schien.

Als wir uns fragten, warum wir so handeln würden, wenn wir genau dieses Verhalten an den Tag legten, kamen sehr unterschiedliche Antworten.

Wenn du willst, fühl in dich hinein, was deine Antwort wäre, bevor du unsere Antworten liest.

Zwei Ergebnisse lauteten:
- Wenn ich so handeln würde, dann hätte ich bereits zu lange nicht für mich selbst gesorgt und das Fass wäre emotional schon längst am Überlaufen.
- Wenn ich so handeln würde, dann würde ich unbewusst meinen Vater in meinem Partner sehen und würde mich insgeheim an meinem Vater rächen wollen. Ich würde den Partner schlecht behandeln, weil er symbolisch für meinen Vater steht, mit dem ich mich noch nicht versöhnt habe.

Die Schwester war mit anwesend und meinte, sie habe das Gefühl, das treffe beides auf sie zu.

Eine Teilnehmerin fühlte sich in einem Geschäft, in dem sie regelmäßig einkauft, schlecht behandelt und konnte es nicht verstehen. Schließlich brachte sie dem Geschäft ja Umsatz.
Die Frage »Wenn ich meine Kunden schlecht behandeln würde, warum täte ich es?«, erbrachte wie immer vielfältige Antworten.
Eine davon lautete:
- Ich täte es, wenn ich mit meinem Laden überfordert wäre und ein Gefühl von »Hilfe, Kunde droht mit Auftrag!«

hätte, weil ich mit den administrativen Drumherumarbeiten nicht klarkomme.

Spannend war dann vor allem die zweite Frage: »Warum erschaffe ich mir eine Situation, in der ich mir als Kunde lästig vorkomme?«

Mitmachgelegenheit!

Hier die Antworten:
- Ich möchte insgeheim enttäuscht werden. Ich habe eigentlich von Anfang an gewusst, dass ich in diesem Laden enttäuscht werde. (»Stimmt«, befand die Betroffene.)
- Ich bin zu bequem, mir ein Alternativgeschäft zu suchen, in dem ich mich wohlfühle, weil das bedeuten könnte, dass ich ein paar Meter weiter fahren muss. (»Stimmt auch«, lautete der Kommentar.)
- Ich tendiere dazu, den falschen Leuten eine Chance zu geben und dann Änderung von ihnen zu erwarten. Eigentlich möchte ich lernen, schneller und klarer zu sehen, was ist, und dann Verantwortung für mich zu übernehmen, indem ich beispielsweise längere Anfahrten in Kauf nehme oder mich selbst anders organisiere. Bisher drücke ich mich noch vor der Eigenverantwortung und lamentiere nur, die anderen sollen sich ändern. (Ein Stoßseufzer der Betroffenen: »Ja, das stimmt wohl am allermeisten ...«)

Eine Dame hatte den Eindruck, dass ihr Automechaniker sie beschummele und ihr mehr neue Teile fürs Auto aufschwatze als nötig.

Wir wendeten zuerst die Verständnistechnik auf den Automechaniker und sein vermutetes Verhalten an. »Wenn ich Kunden mehr Kosten andrehen würde als nötig, warum täte ich es?«

Mach mit! Wenn du der Automechaniker wärst, warum würdest du so handeln?

Die Antworten waren wie immer vielfältig:
- Er nimmt sich, was er meint, das ihm zusteht, und was andere ihm aber nicht freiwillig geben wollen.
- Er macht es, weil er Druck von oben hat.
- Er braucht mehr Umsatz, sonst muss er Personal entlassen.

In einem zweiten Schritt wendeten wir die Verständnistechnik auf diese Dame selbst an: »Wenn ich mir eine Wirklichkeit erschaffen würde, in der ich über den Tisch gezogen werde, warum würde ich es tun?«

Die Antworten konnte ich nicht alle aufschreiben (das Beispiel wurde auf einem Vortrag mit 500 Teilnehmern erörtert, sodass ich mir nur ganz kurze Notizen machte). Einige gingen jedenfalls in etwa in folgende Richtungen:
- Ich erschaffe mir die Situation durch generelles Misstrauen dem Leben und anderen Menschen gegenüber. Ich bekomme, was ich befürchte.

- Ich habe selbst so wenig und habe nun Angst, dass mir dieses Wenige auch noch genommen wird.
- Mir fehlt es am Vertrauen ins Leben. Wenn ich keine Möglichkeit sehe, es zu überprüfen, kann ich es dem anderen auch einfach bewusst gönnen, mehr zu verdienen, und darauf vertrauen, dass das Geld von anderer Stelle zu mir zurückkommen wird.

So weit dieses Beispiel von einem Seminar. Fast ein wenig spukig kam es mir am nächsten Morgen zu Hause vor, als mir ein Sanitär-Monteur weismachen wollte, ich bräuchte eine neue Armatur für die Küche, obwohl nur die Dichtung völlig ausgeleiert war. Er zog los, um eine neue Dichtung zu besorgen sowie weitere Teile eines Zusatzhahns, den wir brauchten. Eine Viertelstunde später rief er jedoch aus dem Großhandel an und teilte mit, es gebe gerade keine Dichtungen in dieser Größe. Was er tun solle?
»Nachtigall, ick hör dir trapsen«, dachte ich mir, »der hält sich wohl für ganz schlau.« Der Automechaniker von gestern schien nun in meinen Alltag hineinzuwirken. Vielleicht habe ich nicht oft genug »Es tut mir leid«, »Ich liebe dich« gesagt und jetzt wirkt die Energie noch?
Mir war immerhin klar, dass ich vor einer Wahl stehe: Entweder fahre ich selbst alle Baumärkte ab, suche nach einer passenden Dichtung und repariere den Wasserhahn selbst oder ich gönne dem Burschen den Zusatzverdienst, segne das Geld und übergebe es ihm fröhlich.
Ich verrate jetzt nicht, was ich gemacht habe, sonst kommt ihr noch auf die Idee, ich sei einfach nur zu faul zum Rumfah-

ren ... Nun ja, wenigstens habe ich mich bewusst entschieden und auch keine schlechte Energie hinterhergeschickt, weil ich weiß: Ich habe die Situation erschaffen und sonst gar niemand.

Eine Frau erzählte uns, dass sie eine zwanghaft unpünktliche Freundin habe. Diese lasse sie mitunter ein bis zwei Stunden an einer U-Bahn-Haltestelle in der Stadt warten, bis sie endlich auftauche.
Unsere erste Runde drehte sich um die Frage: »Wenn ich so unpünktlich wäre, warum täte ich es?«

Mitmachen, mitmachen, mitmachen!

Die Antworten:
- Um den Augenblick pur zu genießen. Ich will jenseits von Zeit und Raum einfach nur im Fluss sein mit dem, was gerade ist.
- Ich würde so unpünktlich sein, um mich von der Masse abzuheben. Es wäre eine Art verdeckter Protest gegen alle Regeln, die es so gibt.
- Ich würde denken, dass ich mir selbst der Wichtigste bin, und ich hätte einfach wenig Respekt vor anderen. Deren Beachtung würde ich mir auf diese Weise erzwingen, denn wenn alle auf mich warten müssen, dann bekomme ich eine Menge Beachtung, zwar negative, aber die Energiemenge wäre enorm.
- Ich würde mich zu leicht ablenken lassen und würde dann die Zeit einfach vergessen. Außerdem hätte ich so einen Leistungsanspruch, alles Angefangene unbedingt

erst zu Ende machen zu müssen, bevor ich etwas Neues tue – auch wenn ich dann furchtbar unpünktlich wäre. Aber ich könnte einfach nichts Angefangenes liegen lassen.

Die zweite Frage lautete: »Wenn ich so eine unpünktliche Freundin hätte, warum hätte ich sie mir erschaffen?«

Mitmachen, mitmachen, mitmachen!

- Ich bin sehr leistungsorientiert und sehr starr in meiner Korrektheit. Ich hätte sie mir erschaffen, um mich selbst mehr dahin zu bringen, etwas lockerer zu werden.
- Ich habe das Gefühl, unpünktliche Menschen sind selbstbewusster als überpünktliche. Eigentlich würde ich den Nerv bewundern, andere so warten zu lassen.
- Ich wäre gefangen in einem Machtkampf. Denn der Unpünktliche bestimmt hintenherum, indem er mich warten lässt. Ich wäre gefangen in dem Kampf, auch mal bestimmen zu wollen. Eigentlich erinnert mich das an einen Kampf aus der Kindheit. Ich glaube, ich würde lernen wollen, den Kampf loszulassen und einfach für mich selbst zu sorgen.
- Bei mir wäre es so, dass ich den anderen mit einer sehr strikten »Das-darf-nicht-sein-Energie« unter Druck und Stress setzen würde. Ich würde bei jedem Zuspätkommen eine superstrafende Miene aufsetzen und den anderen spüren lassen, wie unmöglich er sich benimmt. Das würde so eine starke Abwehrhaltung erzeugen, dass es

immer schlimmer würde, weil derjenige unbewusst das Kommen immer mehr herauszögert aus Angst vor meiner strafenden Miene.
- Ich hätte mir so eine Situation erschaffen, um zu lernen, dass ich akzeptiere, was ist, und um zu lernen, für mich selbst zu sorgen.

Letzteres schien der Betroffenen am besten zu gefallen. Sie entschied sich, zu akzeptieren, dass diese Freundin vermutlich auf ewig unpünktlich sein wird, und sie beschloss außerdem, von jetzt an besser für sich selbst zu sorgen. Sie stimmte daher nur noch Verabredungen zu, bei denen sich die beiden bei einer von beiden zu Hause trafen. Dann waren Wartezeiten kein so großes Problem mehr. Wenn sie sich in Ausnahmefällen doch woanders trafen, kündigte sie vorher an, dass sie nach zwanzig Minuten des vergeblichen Wartens wieder gehen würde, und entwarf sich einen Plan, um dann auch alleine einen schönen Tag zu haben.
Interessanterweise hörte die Freundin nach wenigen Wochen auf, unpünktlich zu sein, und war seitdem sogar oft vor ihr am verabredeten Platz. Die Betroffene führt es darauf zurück, dass sie im Gefühl losgelassen hat und keinen unterschwelligen Druck mehr auf die Freundin ausübt.

In Salzburg bot uns eine Teilnehmerin folgende Geschichte zum Hoppen an:
Ihr Freund hatte bereits zirka 200-mal mit ihr Schluss gemacht. Einen oder zwei Tage später rief er regelmäßig an und schloss Frieden. Sie hatte ihn in Neuseeland kennengelernt und dort

lebte er auch. Eigentlich war es mehr eine Telefonbeziehung. Sie verstand nicht, warum er die Verbindung nun schon so unglaublich oft beendet hatte und es sich dann doch immer wieder anders überlegte.

Die erste Frage an die Gruppe lautete also: »Wenn du dieser Freund in Neuseeland wärst und schon 200-mal mit ihr Schluss gemacht hättest, warum würdest du so handeln?«

Spannendes Beispiel – mach mit!

Die Antworten von Seminarteilnehmern:
- Ich würde so handeln, wenn ich in einem Zwiespalt stecken würde. Einerseits hätte ich die Sinnlosigkeit einer solchen Fernbeziehung vor Augen, andererseits würden mir die Gespräche viel geben.
- Ich hätte das Gefühl, dass mich diese Telefonbeziehung daran hindert, vor Ort eine Partnerin zu finden, aber weil ich mich einsam fühle, rufe ich doch immer wieder an. Wenn ich zu mir selbst und zu diesem Gefühl sage: »Es tut mir leid, dass ich mir so eine Situation erschaffen habe. Es tut mir leid, dass ich mich so schlecht damit fühle. Und ich liebe mich trotzdem«, dann fühle ich mich plötzlich klarer. Dann mache ich entweder endgültig Schluss oder ich ziehe nach Deutschland um.
- Ich würde das machen, um Unabhängigkeit zu trainieren.
- Mir würde es grundsätzlich am Vertrauen in die Beziehung und in mich selbst fehlen, und das drückt sich in dem Hin und Her aus.

- Bei mir wäre es einfach ein liebgewordenes Muster: Das ständige Schlussmachen und dann wieder Versöhnen macht die Telefonate so schön emotional. Das ist so wie ein emotionaler Kick und viel besser, als sich nur zu erzählen, was man gerade zum Frühstück gegessen hat.
- Ich würde das machen, damit sie sich endlich entscheidet.
- Ich würde mein Gewissen auf diese Weise beruhigen, wenn ich sie betrüge. Denn wenn sie mir irgendwann Vorwürfe machen wollte, könnte ich immer sagen: »Da war gerade Schluss ...«

Letzteres löste einen Heiterkeitsausbruch in der ganzen Gruppe aus und kam natürlich von einem Mann ... Wir hatten alle Spaß an diesem ehrlichen Beitrag.

Obwohl wir 150 Leute waren, empfand ich die Stimmung in der Gruppe während der Übung ganz so, als wären wir nur 15 Leute und schon seit drei Tagen zusammen. Das passiert immer wieder bei diesen Übungen.

Der Alltag ist, dass man stets bemüht ist, einen guten Eindruck zu machen, um geliebt, akzeptiert und angenommen zu werden. Sich schonungslos über die eigenen Schwächen auszutauschen, sich dabei im anderen wiederzufinden, sich auch mal ertappt zu fühlen und sich dennoch lieben zu dürfen, trotzdem dabei voll von der Gruppe akzeptiert zu sein, ja sogar zu erleben, dass die anderen insgeheim genau die gleichen Probleme und Schwächen in sich tragen – das löst eine ungeheure Befreiung und Erleichterung aus. Keiner muss mehr vorgeben, besser zu sein, als er ist, um akzeptiert zu sein. Man kann sich zurücklehnen als Mensch mit lichten und schattigen Seiten und ist trotzdem oder gerade deswegen liebenswert. Wenn dann an solchen Stellen laut gelacht wird, ist das auch immer wieder ein Lachen der Befreiung darüber, dass keiner perfekt ist und dass wirklich jeder von allem auch einen kleinen Resonanzanteil in sich selbst finden kann.

Nun stellten wir die umgekehrte Frage: »Wenn ich die junge Dame hier im Raum wäre und so etwas mitmachen würde, warum würde ich es tun? Und womit hätte ich mir so eine Situation überhaupt erschaffen?«

Mitmachgelegenheit!
Fühl erst in dich hinein, bevor du weiterliest.

- Ich liebe es, wenn mir Entscheidungen abgenommen werden, deshalb mache ich da auf ewig mit.
- Ich hätte grundsätzlich Probleme mit Entscheidungen. Diese Situation wäre ein Ausdruck meiner eigenen Unentschlossenheit.
- Damit ich hier und jetzt keine echte Beziehung durchstehen muss.
- Weil ich es herrlich finde, ständig neu zu beginnen. Irgendwie bin ich dadurch nach jeder Versöhnung wieder frisch verliebt.
- Ich würde das tun, wenn ich Angst vor Nähe hätte.
- Ich hätte Angst vor dem endgültigen Loslassen.

Zum Schluss meldete sich die Betroffene selbst noch einmal zu Wort: »Es war unglaublich, alle diese Antworten zu hören. Es war berührend und bewegend zugleich. Und das Verrückteste ist: Ihr habt alle recht! Danke!«

Gesundheitsprobleme hoppen

Liebe ist der höchste Grad an Arznei.
PARACELSUS

Eine Teilnehmerin berichtete, dass sie seit ihrer Kindheit einen Leberschaden hat, dass sie zudem gegen fast alle Lebensmittel allergisch ist und ständig Untergewicht hat. Sie fragte sich, womit und warum sie sich so ein Leben erschaffen hat, und wünschte sich, dass sich die Gruppe in diese Situation hineinfühlte und Vorschläge machte.
Sie berichtete noch in einigen Sätzen von ihrer Situation, damit wir sie besser spüren und uns die Lage vorstellen konnten. Dann schlossen wieder alle die Augen und suchten nach der Resonanz in sich selbst.

Hier die Antworten aus der Gruppe:
- Ich hätte in dieser Situation den tiefen Glauben in mir, so wie ich bin, nicht okay zu sein und deshalb ganz viel an mir ändern und herumdoktern zu müssen. Außerdem hätte ich mangelndes Vertrauen in die Schöpfung und darauf, dass sie mich mit allem versorgt, was ich brauche. Dadurch würde ich stets die falsche Therapie machen.
- Bei mir wäre es ein unterdrücktes inneres Kind, das durch viele Verbote und Druck freudlos geworden ist.

- Ich hatte das Gefühl, nicht loslassen zu können und mich aus der Eigenverantwortung ziehen zu wollen.
- Mich an Gewohntes zu klammern, egal wie unangenehm es ist, war mein Hauptbeweggrund.
- Wunsch nach Aufmerksamkeit.
- Die tiefverwurzelte Befürchtung, dass das Leben ein steter Kampf ist.
- Wut und Ärger, die ich nicht mehr spüre, drücken sich in Form dieser Krankheit aus.
- Angst, die Süße des Lebens zu genießen.
- Ein innerer Kampf zwischen Neugier auf Neues und dem Wunsch nach Harmonie würden mich zermürben.
- »Keiner versteht mich. Ich bin eine Plage.« Das wären meine Glaubenssätze.
- Ungelebter psychischer Schmerz wird zum physischen Schmerz und zur Krankheit.

Auch in so einem Fall gibt es einen möglichen Teil 2 zur Übung, wenn man zu mehreren ist. Die Gruppe kann sich fragen: »Womit habe ich dieses Problem in meinem Umfeld erschaffen? Warum gibt es auf meiner Welt und in einer Abendgruppe, die ich besuche, einen Menschen mit so einem Problem? Wie kann ich meine Resonanz dazu heilen, damit sie ebenfalls heil werden kann?«

Von dieser Dame haben wir leider nicht gehört, ob sich danach Besserungen ergaben. Dafür jedoch von der nächsten. Und da waren die Verbesserungen umso sensationeller!

Frederike war ziemlich am Ende, als sie bei uns auftauchte. Eigentlich der Typ »erfolgreiche Karrierefrau«, litt sie seit einem halben Jahr unter unerklärlichen Panikattacken und Depressionen. Alles brach auseinander. Beruflich ging nichts mehr, die Beziehung war am Ende und sie stand auf der Straße ohne Unterkunft.

Das war der Punkt, an dem wir uns begegneten. Wir, Manfred und ich, empfahlen ihr, womit wir gerade selbst beschäftigt waren. Denn wenn sie jetzt auftaucht, braucht sie vielleicht auch genau das, was gerade bei uns vorhanden ist. Man braucht in der Regel nicht weit zu suchen, um das momentan Beste zu finden.

Das eine war Dr. Sha. Er schreibt Bücher über Selbstheilungstechniken (eine Technik besteht unter anderem darin, stundenlang in Gedanken verschiedene Mantren oder Zahlenreihen zu singen) und bietet Fernheilungssitzungen per Telefon an, an denen man einmal pro Woche zusätzlich zu den Selbstheilungstechniken teilnehmen kann. Dann fällt es leichter, am Ball zu bleiben, und man hat das Gefühl, auch Unterstützung von außen zu erhalten. Und es ist kostenlos! Das ist immer günstig für jemanden, der gerade nichts hat.

Das zweite war Ho'oponopono. Wir saßen gerade in einer spirituellen Buchhandlung, als Frederike auftauchte und ihr ganzes Drama erzählte. Wir rekrutierten kurzerhand alle Anwesenden zum Mitmachen, die Inhaberin des Ladens kochte Tee dazu und dann machten wir eine Runde Ho'oponopono zu ihrer Problematik.

An jenem Tag fand sie das zwar ungeheuer interessant, aber der Durchbruch war es noch nicht. Sie kam sich so hilflos vor, dass sie in eine psychosomatische Klinik ging, um sich einer Behandlung zu unterziehen. Dort fühlte sie sich allerdings nicht so unterstützt und gestärkt, wie erhofft, sondern oft ziemlich unter Druck und observiert von den Ärzten und Therapeuten. Nun allerdings kam Ho'oponopono erst richtig zum Einsatz. Wenn sie kurz davor war, innerlich zu explodieren, weil sie sich z. B. respektlos von einer Ärztin behandelt fühlte, machte sie Ho'oponopono mit sich selbst: »Wenn ich diese Ärztin wäre, warum würde ich so mit meinen Patienten reden?«, und: »Wo und wann in meinem Leben gehe ich auch respektlos mit anderen um?« Sie fand eine ganze Reihe von Antworten in sich. Mit ihrer Tochter ging sie beispielsweise manchmal respektlos um, und ganz häufig ging sie, Frederike, respektlos mit sich selbst um. Aha, da lag also der Hase im Pfeffer begraben. Und genauso ging sie in der Klinik jede Herausforderung Schritt für Schritt an. Sie suchte jeweils nach der Resonanz in sich.

Das Ergebnis war, dass sowohl die Mitpatienten als auch die Ärzte beeindruckt waren: Man habe selten eine Patientin erlebt, die in nur sechs Wochen derartig große Fortschritte gemacht habe. Bei den Gruppenbehandlungen wurde sie sogar befragt, wie sie denn das bewerkstellige, und sollte ihre Erlebnisse mit den anderen Patienten teilen, damit diese ebenfalls davon profitieren könnten.

»Nun war mir natürlich klar«, berichtet Frederike heute, »dass ich hier in einer schulmedizinischen Klink bin. Ich habe daher nur ganz vorsichtig verpackt erzählt, wie ich bei allen Problemen im Außen nach dem Anteil in mir drinnen Ausschau halte,

der dieses Problem mit erzeugt hat. Quasi mit vielen Stoßdämpfern versehen habe ich ein kleines bisschen preisgegeben. Und es hat funktioniert. Ich war wesentlich schneller wieder aus der Klinik draußen, als gedacht. Und mir ist in der Zeit wirklich klar geworden, dass mein Gefühl mein äußeres Leben erschafft. Jede Aktion im Außen, die ich aus Angst heraus gemacht habe, führte weiter abwärts auf der Spirale in noch schlimmere Probleme hinein. Die Aktionen führen nur nach oben, wenn ich in mir drinnen den Weg zurück in die Liebe finde. Dann löst sich alles auf. Ich kann heute mit Dankbarkeit auf die Klinik zurückblicken. Letztlich habe ich dort eines am meisten gelernt: dass ich nicht so hilflos bin, wie ich dachte, und dass ich keine Spezialisten brauche, die mir helfen, sondern dass ich mir nur selbst helfen kann. Aber ich kann es. Das zu erkennen war das größte Geschenk.«
Frederike berichtete auch, dass sie morgens immer noch mit leichten Depressionen aufwacht, und diese Gefühle seien zu diffus, als dass sie wüsste, wie sie mit Ho'oponopono dort ansetzen sollte. Aber dann spricht sie innerlich wie im Gebet eine Stunde lang Mantren von Dr. Sha, und danach geht es ihr wieder gut.

Für uns war der Bericht auch eine schöne Bestätigung dafür, dass jeder, der jetzt bei uns anfragt, unbewusst auch nach dem fragt, womit wir uns inzwischen beschäftigen. Wir müssen uns nicht lange den Kopf zerbrechen, was in aller Welt das Beste für diesen Menschen sein könnte. Die Seele von Frederike hatte schon einen Plan, als sie in diesem Augenblick in die Buchhandlung ging und uns allen von ihren Problemen erzählte.

Heilung der eigenen Probleme

*Wenn du Leute beurteilst,
hast du keine Zeit, sie zu lieben.*

MUTTER THERESA

Man kann die gleichen Techniken auch auf sich selbst anwenden. Roswitha ist ganz zufällig in so eine Übung hineingeschlittert. Sie hatte eine Angestellte, die sie seit einem halben Jahr zur Weißglut trieb. Aus sozialen Gründen und weil sie ihr leid tat, hatte sie die Mitarbeiterin aber nicht entlassen. Doch als es gerade am wenigsten passte, kündigte genau diese Angestellte von sich aus, und zwar fristlos.

Roswitha war sprachlos. Es stellte sich heraus, dass die Betreffende schon das ganze halbe Jahr auf ihren Weggang hingearbeitet hatte, dann aber am letzten Tag alles anders hinstellte.

Roswitha kannte sich bereits mit unseren Übungen aus und hoppte fleißig diese Mitarbeiterin. Sie stellte sich viele von ihren Verhaltensweisen vor und fragte sich, warum sie selbst so handeln würde. Dabei kamen ihr die interessantesten Visionen:

»Ich würde so seltsam handeln, wenn ich ein schlechtes Gewissen habe, weil ich meine Arbeitgeberin gerade beschummele: Ich schmiede nämlich hinter ihrem Rücken Pläne zu meinem Nutzen und lasse das Wohl der Firma dabei völlig außer Acht.«

Aha, dachte sich Roswitha, deshalb war die seit einem halben Jahr so seltsam. Die musste ihr schlechtes Gewissen kompensieren.

»Hm«, und das war die nächste Frage, die sie sich stellte, »warum habe ich das nicht vorher gemerkt, sondern bin ihr noch ständig hinterhergelaufen und habe versucht, sie wieder besser zu stimmen? Ich hatte ja regelrecht Angst vor ihren schlechten Stimmungen. Wieso?«
So eine Frage klärt man meist besser in einem kleineren Kreis mit Leuten, welche die Übungen mitmachen (z. B. Verständnistechnik), weil man bei sich selbst häufig blinde Flecken hat. Aber je öfter man diese Techniken anwendet – mit wem oder mit welchen Problemen auch immer –, desto näher kommt man so oder so seinem eigenen Innersten. Je mehr man übt, desto eher kann man sich daher die Fragen auch einfach selbst stellen: »Warum handele ich so?«, und: »Warum fühle ich mich in dieser bestimmten Situation immer wieder so?«

Roswitha kam sich selbst auf die Schliche. Sie ging ganz in das Gefühl der Angst vor den schlechten Stimmungen ihrer Mitarbeiterin und fragte sich immer wieder, warum, woher, wieso sie diese Angst hatte. Auf einmal sah sie sich selbst als kleines Kind: Sie hatte sich das Überlebenskonzept zurechtgelegt, sich möglichst intensiv in ihren jähzornigen Vater einzufühlen, um nahende Wutanfälle rechtzeitig zu wittern und sich in Sicherheit bringen zu können. Und seit dieser Zeit (damals war sie zwei oder drei Jahre alt) fürchtete sie sich vor den schlechten Stimmungen anderer. Heute wurde es ihr bewusst. Und sie sag-

te viele Male: »Es tut mir leid«, und: »Ich liebe dich«, zu der kleinen Roswitha von damals.
Nach einer Weile wurde ihr leichter ums Herz. Schließlich musste sie sogar sprudelnd und glucksend lachen, weil sich eine befreite Freude in ihr breitmachte. »Und weißt du was«, erzählte sie mir hinterher, »im Grunde muss ich dieser Ex-Angestellten sogar dankbar sein. Ich hielt sie quasi für ›die Böse‹ und eine Plage. Aber sie war der Auslöser, dass ich dieses Thema in mir heilen konnte. Ich habe ganz im Ernst extra drei Leute besucht, vor deren Launen ich auch immer Angst habe, und stell dir vor, es machte mir gar nichts mehr aus ...«
Da sie vom Erfolg der Selbstheilung durch diese Technik so begeistert war, ging sie bei der nächsten Erkältung ihren ganzen Körper in Gedanken durch. Überall, wo sich etwas unangenehm, blockiert oder schmerzhaft anfühlte, fragte sie den betreffenden Körperteil: »Warum fühlst du dich so? Was willst du mir damit sagen?«
Früher, meinte sie, wäre ihr auf solche Fragen nie eine Antwort eingefallen. Aber seit sie regelmäßig die doppelte Verständnistechnik und die Herzenstechnik anwendet, ist ihr das Einfühlen zu einer zweiten Natur geworden. Es wird von Monat zu Monat einfacher. Und so heilt sie nun ihre Erkältungen im Ruckzuck-Verfahren, indem sie sich in alle Energieblockaden ihres Körpers einfühlt und sie mit einem vielfachen »Tut mir leid«, »Ich danke dir« und »Ich liebe dich« wieder auflöst. Sie schläft erst ein, wenn sich der Körper überall leicht entspannt und ganz im Fluss anfühlt. Wache sie dann am nächsten Morgen auf, sei die Erkältung meist wieder komplett verschwunden, berichtete sie uns stolz nach einem Vortrag.

Zu glücklich – oh, wie furchtbar!

*Das Glück deines Lebens
hängt von der Beschaffenheit
deiner Gedanken ab.*
MARCUS AURELIUS

Eine Klientin suchte uns wegen eines sehr interessanten Spezialproblems auf: Die Beziehung lief rund, das Kind war vergnügt, alle waren gesund, es herrschte Frieden in der Herkunftsfamilie, es war mehr als genug Geld da und sie fühlte sich sehr wohl in ihrem selbst gebauten Haus.
Wo ist das Problem?, magst du dich fragen. Hör dir den Bericht von ihr an:
»Bisher hatte ich immer irgendwelche Probleme und es gab immer etwas, wofür ich kämpfen konnte und woran ich gearbeitet habe. Aber jetzt habe ich alles erreicht. Das löst bei mir irgendwie haltlose Panik aus. Alles ist okay? Ja und jetzt? Wo soll es denn dann noch hingehen?, frage ich mich. Ich fühle mich wie tot, wenn ich nicht weiß, wohin ich will oder soll, wenn schon alles da ist.«

Spannendes Beispiel, oder? Da wird vielleicht dem einen oder anderen klar, warum er sich sein Leben so kreiert, dass immer noch Verbesserungspotenzial offen bleibt. Denn solange noch

Probleme übrig sind, ist man immer mit etwas beschäftigt. Ohne Probleme müsste man lernen, die Qualitäten des reinen Seins zu genießen. Und das ist für manch einen viel schwieriger, als die üblichen Probleme zu wälzen. Dies ist mit ein Grund, warum so viele Millionäre unglücklich sind.

Das Ziel der Klientin war aber nun nicht, neue Probleme aus dem Hut zu zaubern, denn sie war schon mehrfach im Leben am selben Punkt gewesen und hatte sich immer die sonderbarsten Probleme und mitunter ein Riesenchaos erschaffen, sobald das Leben »zu gut« wurde. Diesmal wollte sie lernen, mit sich selbst und im reinen Sein glücklich zu sein. Das führte zu sehr interessanten Ergebnissen, an denen man Folgendes sehen kann: Wenn wir uns unerfüllt fühlen, rührt das nicht daher, dass uns etwa jemand mit diesem aktuellen Zustand bestraft; nein, ein Teil von uns hat diesen Zustand absichtlich so erschaffen, weil dieser Teil mehr Glück noch nicht aushält.
Die Frage, was dieser Frau fehlte, um einfach glücklich mit sich selbst sein zu können, brachte uns schnell darauf, dass es ihr an Selbstliebe mangelte.
Welch ein Glück: Die in diesem Buch beschriebenen Techniken erhöhen automatisch den Grad an Selbstliebe, egal welches Problem man gerade bearbeitet – und zwar alleine dadurch, dass man seine eigene Gefühlsvielfalt erforscht und aufhört, das was auftaucht, zu verurteilen. Stattdessen sagt man: »Es tut mir leid«, und: »Ich liebe dich« – und schon steigt die Selbstliebe.

Wir fingen bei der Klientin mit folgender Frage an: »Warum erschaffe ich mir Chaos in dem Moment, in dem Glück droht?

Warum knalle ich die Tür zu, wenn das Glück vor der Tür steht?«

Wir schlossen die Augen, alle Anwesenden machten mit. Die Klientin hatte daraufhin eine Vision, dass sie das Glück leuchtend hell vor sich sehen konnte, aber zwischen ihr und dem Glück befand sich ein Müllhaufen, der ihr den Weg versperrte. Es klappte nicht, einen Bogen um diesen Abfallberg zu machen: Er kam immer mit.

Hm, was tun? Sie sagte in Gedanken zu dem Müllhaufen einfach mal: »Ich danke dir, dass du da bist«, und: »Ich liebe dich«.

Nun geschah das Erstaunliche: Der Müllhaufen wich von alleine zur Seite aus und gab den Weg zum Glück frei.

In dem Moment hatte die Frau eine kleine Erleuchtung: Bisher hatte sie immer versucht, den unangenehmen Teil in sich selbst auszuradieren. Sie wollte quasi den Müllhaufen loswerden und killen. Sie hatte Vermeidungsstrategien angewendet, sodass der Müll nur immer aufdringlicher wurde. Nun jedoch, da sie auch diesem Teil in sich ihre Liebe gab und ihn ganz annahm, wie er ist, war der Teil zufrieden. Er löste sich nicht auf, aber er gab den Weg frei. Erst durch die Annahme ihrer eigenen Müllanteile wurde es ihr möglich, die lichten Anteile zu wählen. Sie hat damit eine tiefe Weisheit an sich selbst erfahren: Verdrängtes drängt sich uns immer wieder auf, bis wir es ganz annehmen, wie es ist. Erst dann sind wir frei, neu zu wählen.

Ein anderer Teilnehmer in der Gruppe, der mitgemacht hatte, hatte sich ebenfalls vorgestellt, wie das Glück klingelte und wie er ihm die Tür vor der Nase zuschlug. Er war sehr traurig geworden. Und er fragte sich: »Was wäre mein Grund, so zu handeln?« Seine Antwort: »Ein Teil in mir hat Angst, dass mein Ich sich auflöst, wenn ich unermessliches Glück erlebe.«

Auch spannend, oder?

Aber damit waren wir noch nicht am Ende. Als Nächstes wollte unsere Abenteuer-Klientin wissen, warum sie sich selbst nicht bedingungslos und vollständig liebt und annimmt, wie sie ist.

Wieder schlossen alle Anwesenden die Augen und wir spürten jeweils in uns hinein mit der Frage: »Warum liebe ich mich selbst nicht ganz und gar so, wie ich bin?« (Da alle das Problem kannten, konnten wir die Frage direkt übernehmen.)

Willst du mitmachen?

Die erste Antwort kam von der Klientin selbst:
»Ich hatte Angst, dass ich – wenn ich mich ganz so liebe, wie ich bin – auch alles im Außen so lieben würde, wie es ist. Dann würde ich nichts mehr bewerten, was mir begegnet. Damit würde ich aber auch den Schutz und die Navigation auf dieser Ebene des Seins verlieren. Nur in Liebe zu sein, hat mir das Gefühl vermittelt, schutzlos zu sein. Und als ich zu mir selbst ›Ich danke dir‹ und ›Ich liebe dich‹ gesagt habe, war ich auf einmal total froh. Bisher dachte ich nämlich immer, ich bin einfach zu blöd, mich ganz zu lieben. Aber jetzt denke ich, dass ich das genau richtig mache und dass ich es gut mache, um ausreichend geschützt zu sein in dieser Welt. Und – schwupp – schon liebe

ich mich viel mehr als vorher, weil ich aufhöre, mich für den Mangel an Selbstliebe selbst zu verurteilen.«

Gigantisch, oder? So interessant kann kein Kinofilm der Welt sein wie solche gefühlten Erfahrungen mit uns selbst über unsere eigenen geheimsten Beweggründe. Und sie sind bei jedem verschieden.

Ein anderer Teilnehmer der Runde fand eine ganz andere Antwort:
»Ich hatte das Gefühl, dass ich nur durch die Trennung von der All-Liebe mit einem Minimum an Selbstzweifeln überhaupt die Erfahrung eines irdischen Lebens machen kann. Wenn ich reine Liebe wäre, würde es mich einfach wegbeamen von dieser Bewusstseinsebene. Insofern ist ein gewisser, wohldosierter Selbstzweifel meine Eintrittskarte in ein Erdenleben.«

Auch das ist kein Gefühl, das jeder haben muss. Aber es ist das Gefühl, mit dem sich dieser Teilnehmer seine Realität erschafft.

Selbstheilungstechniken im Überblick

1) Selbstheilung auf diese Weise funktioniert umso besser, je öfter du die Grundtechniken anwendest, egal mit welchem Thema. Denn deine verstecktesten Gefühlsregungen drängen dadurch verstärkt ans Tageslicht und werden dir vertrauter. Die Feinwahrnehmung deiner selbst fällt dir immer leichter.

2) Jede dieser Techniken ist sowieso in erster Linie eine Selbstheilung, denn es geht um die Resonanz in dir zu den Dingen, die du heilst. Aber auch ganz konkrete Probleme bei dir selbst lassen sich direkt angehen.

3) Wenn dir ein Verhalten an dir auffällt, das dir nicht ideal erscheint, frage dich, wozu du das machst. Warum hast du dir so ein Verhalten erschaffen? Und wenn du irgendeinen Grund findest, egal ob er logisch, absurd, lustig, nachvollziehbar oder nicht nachvollziehbar erscheint, sag zu dir selbst: »Es tut mir leid«, und: »Ich liebe dich« (oder einen der anderen Sätze aus der Basisliste, je nachdem, was sich gerade am besten anfühlt).

4) Wenn du in einer Situation ein schlechtes Gefühl hast, frag dich ebenfalls, wozu du dir das Gefühl erschaffst. Und sag wieder die auflösenden Sätze zu dir selbst.

5) Nimm sowohl dein Verhalten als auch die unliebsamen Gefühle in dein Herz und sage zu ihnen: »Auch ihr seid ein Teil von mir. Ich konnte euch bisher nicht verhindern, also erlaube ich euch jetzt ganz bewusst, ein Teil von mir zu sein, und ich liebe euch – und mich mit euch – genau so, wie ich bin.« Stell dir bei jedem Einatmen vor, wie dein Herz größer und größer wird, sodass alle Verhaltensmuster und Gefühle darin Platz haben. Beim Ausatmen erlaube dem Herzen, zu seiner Normalgröße zurückzukehren.

6) Ebenso kannst du mit einzelnen Organen oder Körperteilen verfahren, denen es gerade nicht gut geht. Frage die betreffende Stelle im Körper: »Warum fühlst du dich so? Womit habe ich das erschaffen?« Und wann immer dir eine intuitive Idee kommt oder ein Gefühl, sag wieder: »Es tut mir leid ... Ich liebe dich.«

7) Du kannst diese Übungen alleine durchführen und dir Notizen machen. Wiederhole sie an so vielen Abenden oder Tagen hintereinander, bis du dich vollkommen wohl und befreit fühlst oder keinerlei Resonanz zu den Themen mehr wahrnimmst.

8) Du kannst auch Freunde einladen und sie an einem zweiten Abend (oder Tag) bitten, sich in dein Problem einzufühlen und dir mitzuteilen, welche Ideen sich ihnen dabei zeigen. Vielleicht erhältst du weitere wertvolle Anregungen, wenn du deinen Freunden beschreibst, dass du z. B. immer so einen angespannten Druck im Bauch hast und dich fragst, womit du das erschaffen hast. Wenn ihr danach gemeinsam die Herzensübung macht, geht das häufig noch viel tiefer im Gefühl, als wenn du es alleine machst.

Die Herzenstechnik

Wer nur nach außen schaut, träumt.
Wer sich nach innen wendet, erwacht.
C. G. JUNG

Die Herzenstechnik heißt bei uns intern auch die »Manfred-Technik«, weil Manfred am liebsten mit dieser Technik arbeitet, während Bärbel die doppelte Verständnistechnik bevorzugt.
Die Herzenstechnik ist ziemlich ursprünglich und im Grunde ganz einfach. Was immer dein Problem ist, du brauchst es nur ins Herz zu nehmen und zu sagen:

»Was immer das Problem hervorgerufen hat, es muss mit mir zu tun haben.
Den Teil in mir, der das Problem verursacht, den liebe ich, den nehme ich ganz an. Diesem Teil vergebe ich, diesem Teil danke ich.
Dem Teil gebe ich all meine Liebe.«

Diesen Vorgang wiederhole ich so lange, bis sich das Problem in Luft auflöst. Und vor allem: Ich gehe ganz in das Gefühl von Liebe und spüre, welches Gefühl sich bei dieser Meditation und Übung zeigt. Dann fühle ich auch dieses Gefühl und gebe ihm meine Liebe. Das ist schon alles. Es gibt dabei also wenig zu wissen, aber viel zu fühlen.

Spannend ist es auch, den ganzen Tag wie ein Mantra zu sagen: »Ich liebe, ich liebe. Ich liebe dies, und ich liebe jenes. Ich liebe alles, was mir geschieht. Ich liebe mein Problem.« Das ist eine Variante von Bärbels Tipp aus »Bestellungen beim Universum«: »Friede sei mit dir.«

Irgendwann vor Jahren kam bei mir der Moment, in dem für mich feststand: Die Wahrheit muss einfach sein! Und Ho'oponopono ist nun echt einfach: Ich habe »es« erschaffen, ich kann »es« auch verändern. Die Meisterfrage dabei ist aber: *Wie komme ich in das Gefühl von Liebe? Wie gelange ich ins Herz?* Je mehr ich ins Herz komme, umso stärker wirkt diese Technik. Und natürlich klappen dann auch die Bestellungen am besten. Genau deshalb empfinden wir diese Techniken als »Cosmic Ordering oder Bestellen für Fortgeschrittene«. Denn sie erfordern die Bereitschaft, wirkliche Innenschau zu halten und Kontakt mit dem eigenen Herzen aufzunehmen.

Im Grunde kannst du dafür jede Methode verwenden, die du magst. Du kannst meditieren. Du kannst singen. Du kannst dir ein Licht im Herzen entzünden oder die Hände aufs Herz legen. Du kannst es allein oder in einer Gruppe üben. Und natürlich bist du auch gern gesehen bei einem Seminar von uns. Übungen zum Fühlen und Erleben sind darin ganz wichtige Elemente.

Anmerkung von Bärbel: Wenn Manfred alleine Workshops hält, dann wird mehr gefühlt; und wenn ich alleine Workshops anbiete, liegt der Fokus stärker auf der doppelten Verständnistechnik.

Noch etwas Wichtiges: Kürzlich hatten wir wieder ein Lebensfreude-Seminar, wo ich die Herzenstechnik erläuterte. Ein Mann gestand mir ganz betroffen: »Ich kann das nicht, ich weiß doch gar nicht, wie ich ins Herz komme. Bestimmt muss ich noch lange üben, bis ich es wenigstens ein bisschen kann.« Wieder einmal zeigte sich so ein »Verhinderer« in uns, der denkt: »Versuch es erst gar nicht, du kannst es ja doch nicht. Lass es bleiben, dann wirst du auch nicht enttäuscht.« Wenn ich befürchte: »Ich kann das nicht, ich werde das nie können, ich muss erst noch zehn Kurse besuchen, ich brauche immer jemanden, der mir hilft« usw., dann wird das in meiner Welt tatsächlich so sein. Ich fange dann erst gar nicht an mit der Herzenstechnik, denn ich kann sie ja noch nicht. Zumindest denke ich das.
Aber dem Manne kann geholfen werden. Es stimmt sicher: Je mehr ich im Herzen bin, umso besser klappt die Technik, weil die Kraft stärker ist. Aber: Sie funktioniert schon prima, *bevor* ich überhaupt einen Plan habe, was es bedeutet, im Herzen zu sein. Sie gelingt auch ganz ohne Herzenergie – und zwar, weil es im Prinzip schon reicht, die Energie der Ablehnung zu verlassen: heraus aus dem Kampf und dem Widerstand. Schwinge ich mich auf die Nulllinie ein, wo ich weder liebe noch kämpfe, dann ist bereits das Feld der ungeahnten Möglichkeiten erreicht. Was mir in meinem Leben am meisten Probleme bereitet, ist die Ablehnung, der Kampf, das Dagegensein. Meine kämpferische Energie macht das Problem im Außen. Wenn ich es schaffe,

allein durch den Satz »Ich liebe den Teil in mir, der das Problem erschafft« aus der Ablehnung zu gehen, wird alles möglich. Das genügt für die Verwandlung.

Warum ist das so? Meines Erachtens kommt das daher, dass die Liebe sowieso immer da ist, auch schon auf der »Nulllinie«. Die Liebe wirkt immer – oder würde wirken, wenn ich sie wirken ließe ... Wenn ich ablehne und kämpfe, geht das leider nicht: Dann kämpfe ich gegen das, was ist. Doch das, was ist, ist wohl doch »irgendwie« immer Liebe, auch wenn es schwerfällt, es zu glauben, und auch wenn es noch schwerfällt, es sogar zuweilen zu erkennen.

Für mich, Manfred, eröffnet besonders die Herzenstechnik einen neuen Horizont und vermittelt einen meist erstaunlichen Blickwinkel. Das allein kann schon sehr viel bewirken.
Rita aus meiner Münchner Übungsgruppe arbeitete an einem Abend mit ihrem Vater. Bis dahin war sie ihr Leben lang in dem Bewusstsein, dass ihr Vater sie nicht liebte und sie nicht genug Aufmerksamkeit von ihm bekommen hatte. Nach dem Hoppen und der Herzarbeit an ihrem Thema war sie sehr still und wollte kaum über ihre Erfahrung berichten. Schließlich erzählte sie uns: Sie spüre, dass alles ganz anders war! Plötzlich realisierte sie, dass ihr Vater bei ihr, dem kleinen Mädchen, sehr viel Liebe suchte – Liebe, die er selbst nie von seinen Eltern bekommen hatte. Insgeheim war er immer noch ein Kind auf der Suche nach Liebe.

Die Liebestechnik

*Du und ich: Wir sind eins.
Ich kann dir nicht wehtun, ohne mich zu verletzen.*
MAHATMA GANDHI

Du hast keine Wahrheit entdeckt, wenn sie nicht die Liebe vermehrt.
Und: Es gibt nur Liebe oder den Ruf nach Liebe.

Die Liebestechnik kombiniert Herz und Verstand. Wenn du auf jemanden, über den du dich ärgerst, die doppelte Verständnistechnik und die Herzenstechnik angewendet hast, aber irgendwie immer noch mit Ärger an ihn denkst, dann ist es Zeit, die Liebestechnik zu versuchen.
Denke an das Verhalten, das dich am anderen ärgert, und frage dich, ob es ein Ausdruck von Liebe sein könnte: Was liebt derjenige, wenn er sich so verhält? Was verteidigt er vielleicht unbewusst mit seinem Verhalten?
Oder wenn es mutmaßlich keine Liebe ausdrückt bzw. wenn du dir das zumindest nicht vorstellen kannst: Ist es dann womöglich ein Ruf nach Liebe? Wie geht es dir, wenn du jeden Ausdruck von Nicht-Liebe als Ruf nach Liebe betrachtest? Wie könntest du diesen vielleicht verzweifelten und total unbewussten Ruf nach Liebe dezent erhören?

Ein Kleingruppenteilnehmer berichtete in der Sitzung von einem Konkurrenten, der ihm seit nahezu zehn Jahren Schwierigkeiten machte, wo er nur konnte. Die doppelte Verständnistechnik befriedigte ihn nur halb: Er konnte sich die Beweggründe des anderen zwar vorstellen, aber sein Gefühl von Ärger änderte sich dabei nicht wesentlich. Der Frust saß zu tief.
Wir versuchten es mit dem Ruf nach Liebe: »Stell dir vor, das Verhalten deines Konkurrenten wäre ein versteckter Ruf nach Liebe.«
Völlige Verblüffung. Einige Augenblicke spürte er in sich hinein und sagte gar nichts mehr. Plötzlich fing er zu grinsen an: »Wenn ich mir vorstelle, dass es ein Ruf nach Liebe ist, dann fällt meine Angst vor ihm völlig in sich zusammen. Ich glaube, letztlich ist mein Ärger nur ein Ausdruck davon, dass ich mich von seinem Verhalten bedroht fühle und Angst davor habe. Wenn es ein Ruf nach Liebe ist, dann ist ja *er* der Schwache und nicht ich. Das würde alles ändern.«
Gemeinsam überlegten wir, wie unser Bekannter diesen Ruf nach Liebe diskret beantworten könnte. Wir legten einen Text zurecht, und am nächsten Tag rief er den Konkurrenten an. Und zwar schilderte er ihm ein kleines Problem, das er in seiner Firma hatte, und tat so, als mache ihn das völlig fertig. Er habe gehört, der Konkurrent habe mit dieser Sache in seiner Firma überhaupt keine Probleme und dessen Mitarbeiter schienen sehr zufrieden zu sein. Ob er ihm einen Rat geben könne.
Zunächst war es an dem Konkurrenten, völlig verblüfft zu sein. Und dann legte er los: Mit großer Freude hielt er seinem »Widersacher« am Telefon einen einstündigen Vortrag. Endlich einmal erhielt er von diesem Lob und Anerkennung, also in ge-

wisser Weise auch Liebe. Geradezu selig ergoss er einen ganzen Redeschwall über seinen Konkurrenten.
Seitdem ist Ruhe und die beiden Firmen existieren friedlich nebeneinander.

Die Wundertagebuch-Technik

*Die meisten Menschen brauchen sehr lange,
um jung zu werden.*
PICASSO

Die Wundertagebuch-Technik ist entstanden, als ich, Manfred, Angstgefühle vor einem zukünftigen Ereignis im Voraus zu heilen versuchte.

Grundsätzlich ist es wohl sofort einsichtig, dass Entscheidungen und Handlungen, die aus Panik und Angst resultieren, meistens zu noch mehr Chaos und Drama führen. Denn entscheidend für den Erfolg oder Misserfolg ist die Energie, in der ich etwas tue. Das gilt für einen Wunsch genauso wie für eine konkrete Handlung. Wenn ich etwas tue im festen Glauben »Das klappt ja doch nicht«, dann wird das Ergebnis entsprechend ausfallen. Wenn ich etwas tue in Zuversicht und Kraft, dann wird es mir viel eher gelingen. Henry Ford brachte es auf den Punkt: »Egal ob du glaubst, du kannst es oder du kannst es nicht – du hast recht!«

Ich hatte den Auftrag bekommen, in Dresden ein Firmenseminar zum positiven Denken zu geben. Die Firmenchefin einer kleinen Autofirma wollte den Mitarbeitern »auch mal was Gutes tun«. Sie hatte sich viel mit Esoterik beschäftigt und dachte, es sei nun an der Zeit, die negative Grundeinstellung im Betrieb etwas zu verbessern.

Viele Mitarbeiter empfanden den Vorschlag als Zwangsbeglückung. Es gab Flurgespräche, die Leute tuschelten etwas von Gehirnwäsche und Scientology, bis dann kurz vor dem Termin offene Kritik ausbrach, welche die Firmenchefin noch gerade so eindämmen konnte. Zwei Tage vor dem Termin fragte sie bei mir an, ob ich das Seminar unter diesen Umständen noch abhalten wolle. Ich sagte mutig zu.

Auf der Fahrt nach Dresden hatte ich dann mit meinen Ängsten und Zweifeln zu tun. Immer wieder überfielen mich panische Gedanken, dass mich die Belegschaft teeren und federn würde, dass sie bestenfalls stumm dasitzen würde und viele entweder gar nicht kämen oder gleich nach Hause gingen. Sobald auf der Fahrt ein Gefühl von Angst und Unfähigkeit in mir hochstieg, heilte ich es mit den Worten: »Liebes Gefühl, ich liebe dich, ich nehme dich an, auch du darfst sein.« Und ich sagte mir: »Alter Junge, jetzt komm mal von deiner Panikattacke runter! Wenn du in der Energie da hingehst, weißt du schon jetzt, was dir blüht.« Ich redete mir die Wahnvorstellungen aus wie einem kleinen Kind.

Und es hat wirklich gut geklappt: Alle sind dageblieben. Sogar der größte Querulant fand am Schluss, dass »es gar nicht so schlecht gewesen sei«. Und zu einer offenen Feldschlacht ist es nicht mal ansatzweise gekommen.

Nebenbei sollte ich noch verraten, dass ich zudem negative Gefühle hatte in Richtung: »Die werden das nicht bezahlen, die zahlen das nur teilweise oder erst nach Monaten, weil sie alle so unzufrieden sein werden.« Auch diese Gefühle hatte ich während der Anreise innerlich intensiv bearbeitet. Kaum hatte ich das Seminar beendet, fing die Chefin an, vor mir Geldscheine abzuzählen ...

Ein Mann in einer unserer Sitzungen hatte Probleme mit einem Verwandten. Dieser kriegte »beruflich rein gar nichts auf die Reihe«, wie wir zu hören bekamen. Stattdessen überfiel er die Verwandtschaft bei jedem Treffen mit einem riesigen Schwall von Ausflüchten und Ausreden, warum alles so schwierig sei, sowieso nicht ginge und so weiter und so fort. Was dieser Mensch rede, habe außerdem weder Hand noch Fuß; es sei stets total aufgebläht vor lauter Wichtigkeit und einfach völlig unkonstruktiv und ermüdend schon beim Zuhören. Der Herr, der an unserer Sitzung teilnahm, fühlte sich total genervt davon und fürchtete sich schon vor dem obligatorischen Weihnachtsbesuch, der bald anstand.

Die übrigen Anwesenden waren im Gegensatz zum Betroffenen begeistert, denn das Ganze hörte sich nach einem interessanten Fall zum Hineinversetzen und Hineinspüren an. Denn je öfter man diese Techniken anwendet, desto mehr bemerkt man, wie man damit Stück für Stück tief in seine eigenen Abgründe tauchen und sie erspähen, gefahrlos von allen Seiten begutachten und sodann heilen kann. Also: Nur her mit den skurrilen Typen! Lasst uns den eigenen Anteil herausfinden und heilen!

Auf die Frage an uns selbst – »Wenn ich solche Hand-und-Fuß-losen Redeschwalle von mir geben würde, warum täte ich es?« – fanden wir folgende Antworten:

- Bei mir wäre die Bodenhaftung weg. Ich würde nur noch in der Vorstellung leben und das reale Leben gar nicht mehr vernünftig einschätzen können.
- Wenn ich so handeln würde, würde ich es tun, um vor der Gegenwart zu fliehen. Es ist zu schmerzhaft, wirklich zu sehen, was ist; deshalb flüchte ich panikartig in Gedankenkonstrukte.
- Ich wäre abgetrennt von meinem eigenen Gefühl und würde mich selbst nicht mehr spüren. Deshalb wäre mir mein ganzes eigenes Leben unklar. Ich würde so viel reden in der Hoffnung, mich dabei innerlich etwas sortieren zu können.
- Mir könnte es so ergehen, wenn ich mich rein über Einfallsreichtum und tolle Ideen definieren würde. Und wenn ich so ein Grundgefühl hätte von: »Die Umsetzung ist eigentlich gar nicht mehr nötig, nachdem ich schon so tolle Reden über das Thema geschwungen habe.«
- Ich könnte so planlos daherreden, wenn ich Angst davor hätte, Entscheidungen zu treffen und mich festzulegen. Wenn mich immer die Sorge quälen würde, mich für das Falsche zu entscheiden, würde ich deshalb lieber nichts entscheiden, sondern nur alles ewig im Geiste abwägen.

Nachdem wir staunend unseren verschiedenen Ergebnissen gelauscht hatten, gingen wir zu Teil 2 dieser Technik über; wir fragten uns: »Wenn ich mir so eine Labertasche in meinem Leben erschaffen hätte, warum hätte ich es getan?«

Die Ergebnisse hierzu:
- Weil er (die Nervensäge) auf der positiven Seite auch für die verrückten Ideen anderer immer ein offenes Ohr hat und man neue Ideen gut mit ihm durchsprechen kann.
- Ich hätte ihn mir erschaffen, um mich selbst besser fühlen zu können. Um denken zu können: »Jetzt guck doch mal, wie blöd der ist und wie er nach Anerkennung japst. Ein Glück, dass ich besser bin.« Ich glaube, wenn ich mir das jetzt so angucke, gibt mir das aber trotzdem keine Berechtigung, ihn deshalb schlecht zu machen. Aber ich gebe zu, das mache ich bei anderen Gelegenheiten schon auch ganz gerne ...
- Ich glaube, meine Seele will lernen, sogar in so einer Situation in Liebe zu sein, denn ich habe da auch so einen überheblichen Teil in mir, der sich besser fühlen will. (Das äußerte der Betroffene selbst!)
- Ich würde mir so etwas erschaffen, wenn ich dazu tendieren würde, bei allen Problemen zwanghaft auf rationalem Weg nach Lösungen zu suchen.

Dieses Statement des Teilnehmers der sich zuletzt geäußert hatte, löste einen allgemeinen Heiterkeitsausbruch aus.
»Was meinst du denn damit?«, wollten die anderen wissen.
»Na ja, ich würde stattdessen üben wollen, ins Vertrauen zu gehen, dass trotzdem ein schöner und harmonischer Abend möglich ist und dass ich derjenige sein kann, der ihn erschafft. Mit

rationalen Mitteln ist man solchen Leuten gegenüber oft machtlos. Aber wenn man eine klare Absicht in Liebe formuliert und auf kosmische Hilfe vertraut, dann geht es ...«

Allgemeines Staunen – und die rechte Zeit, das »Wundertagebuch« auch in dieser Gruppe zu erklären. Denn genau das tut man mit dem Wundertagebuch: auf nicht-rationale Weise Situationen günstig beeinflussen.

Im Falle des Mannes mit dem Redeschwall-Verwandten könnte man am Abend vor dem Treffen alles Gewünschte in sein Wundertagebuch schreiben. Das heißt, man visualisiert zunächst die Stimmung, die man sich für den Abend wünscht, und man stellt sich vor, wie alles harmonisch und fröhlich verläuft und dass sich ausnahmslos alle – man selbst sowie alle Anwesenden – dabei wohlfühlen.
Nun, man hat ja doch die eine oder andere nicht ganz so positive Befürchtung bezüglich des Abends. Man fragt sich daher selbst: »Welche Hindernisse könnten auftreten und wie würde ich mich fühlen, wenn sie auftreten?«
Und dann nimmt man genau diese Hindernisse und Gefühle in Gedanken in sein Herz hinein und sagt zu sich selbst: »Es tut mir leid«, und: »Ich liebe dich«. Gerne auch ganz konkret: »Es tut mir leid, dass du dich vor dem Redeschwall von Soundso fürchtest. Es tut mir leid, dass du dich so unwohl damit fühlst. Ich liebe dich. Es tut mir leid.«
Man heilt damit seine Resonanz zu der Situation, bevor sie eintritt, und man erlaubt ihr damit, eine neue Wendung zu nehmen.

Im Falle des Redeschwall-Verwandten verlief der nächste Abend mit ihm nicht nur besser, sondern völlig anders. Die Gespräche waren verständnisvoll und reflektiert – das ganze Gegenteil von dem, was sie bisher gewesen waren.

Und ein lustiges Detail: Der Betroffene hatte auf die Frage, warum er sich diesen Verwandten erschaffen habe, ja unter anderem herausgefunden, dass er lernen wolle, seine Überheblichkeit ihm gegenüber zu überwinden!

Ein paar Tage später gestand ihm ein Kollege, er habe das Gefühl, sich manchmal seinen Mitarbeitern gegenüber aus einem Überheblichkeitsgefühl heraus blöd zu verhalten. Das wolle er abstellen.

Unserem Betroffenen kam es vor, als wären Erkenntnisse ansteckend ...

Vielfältige Anwendungsbereiche

*Schattenseiten, die ich ablehne,
treten mir als Schicksal entgegen.*
C.G. JUNG

Als begeisterte Universumsbesteller sehen wir uns selbst als Mitschöpfer und Gestalter unserer Realität. Es wird nie alles möglich sein, aber wir wollen unser Potenzial voll ausschöpfen, anstatt uns von den unerlösten Gefühlen unserer Ahnen oder unserer eigenen Kindheit von rechts überholen zu lassen.
Mit den hier vorgestellten Techniken können wir alles angehen, was uns noch zu schaffen macht. Wir löschen damit das von C.G. Jung beschriebene Schick-sal, das aus verdrängten Schattenseiten erwächst, und formen unser eigenes »Mach-sal«.
Und der Clou ist: Wir können viel Spaß dabei haben, wie ihr auf der beigefügten DVD erkennt. Tief greifende Erkenntnisse gehen zuweilen mit viel Gelächter und positiver Verbundenheit in der Gruppe einher. Sie können von Leichtigkeit und Einfachheit begleitet sein. Inzwischen seid ihr vielleicht auch auf den »Geschmack« gekommen und erkennt in diesen Techniken, besonders in der doppelten Verständnistechnik, ein neues, positives und heilendes Gesellschaftsspiel. Denn zu hoppen ist eindeutig mehr Spiel als Arbeit, mehr Spaß als Trauer und mehr Leichtigkeit als Schwere.

Auch wenn manchmal Tränen fließen und längst vergessene Schmerzen kurz in Erinnerung kommen: Sie werden ins Herz genommen, sie dürfen sein, sie dürfen gefühlt werden und sie dürfen wieder gehen. Das geht häufig ganz schnell. Denn beim Hoppen haben wir es mit keiner Technik zu tun, bei der lange in Altem herumgestochert wird. Stattdessen sind ein schnelles Hineinfühlen und ein Austausch über die Vielfalt der unterschiedlichen Beiträge der Teilnehmer erwünscht.

Im Moment freuen wir uns über jedes zu hoppende Problem, damit wir »weiterspielen« können. Damit dir die Spielmöglichkeiten nicht so schnell ausgehen, hier eine Liste der Bereiche, in denen du alle hier aufgeführten Techniken anwenden kannst:

Ganz klar, den wichtigsten Spielplatz zum Hoppen finde ich in meinem näheren zwischenmenschlichen Bereich. Hier funktioniert die Projektion meiner seelischen Anteile auf andere natürlich am besten. Und hier drückt auch jeder am meisten meine roten Knöpfe. Ist dir schon mal aufgefallen, dass deine Kinder bei der Oma immer superbrav sind, aber zu Hause gelegentlich über die Maßen »lebhaft« sind? (Ich liebe den Teil in mir, der das erschaffen hat ...!) Das ist ja auch eine der Hauptaufgaben meines Umfelds: auf meinen Idealen und unerlösten Themen herumzutrampeln, damit ich sie loslassen kann. Das Dumme ist, dass wir, Bärbel und ich, uns nicht mal mehr richtig streiten können, seit wir das Hoppen kennen. Gespräche dieser Art laufen dann meistens irgendwie so ab: »Okay, ich liebe den Teil in mir, der dich Nervensäge erschaffen hat.« »Ich verzeihe mir, dass ich mir so einen Partner erschaffen habe, der immer dies und das macht ...!«

Nach solchen Sätzen kann man sich nur noch zum Spaß knuffen, aber man muss sowieso schon dabei lachen.

Du kannst dir folgende Fragen stellen, wenn du Lust auf eine Runde Hoppen hast:
- Mit wem hast du wiederholten Ärger?
- Mit wem fühlst du dich nicht ganz wohl?
- Beim wem hast du das Gefühl, er oder sie nutzt dich aus, zieht dich regelmäßig über den Tisch, übergeht dich, spricht schlecht über dich, was auch immer?

Welche deiner Beziehungen lassen sich noch verbessern?
- Kollegen
- Angestellte
- Chef
- Geschäftspartner
- Liebespartner
- Kinder
- Verwandte
- Freunde oder Exfreunde
- ...
- Nachbarn (Falls du das willst – überleg es dir genau! Gestern ging eine Klage per E-Mail ein: von einer Frau, die eine Nachbarin gehoppt hatte. Diese klebt ihr seitdem an den Fersen und hat sie zu ihrer neuen Lieblingsnachbarin auserkoren. So hatte sie sich das nicht gedacht. Sie hatte sie nur in Frieden loswerden wollen ...)

Wenn Bestellungen nicht ausgeliefert werden, hat das ebenfalls mit mir zu tun. Auch dieses Problem kann ich hoppen. Ich kann auch hier eine Verbesserung anstreben. Natürlich ist es mir meistens unbewusst, *warum* eine Bestellung nicht geliefert wird. Aber das brauche ich genialerweise gar nicht zu wissen. Ich gehe einfach in mein Herz und nehme jenen Teil, der erschaffen hat, dass meine Wunscherfüllung verhindert wird, ins Herz und liebe ihn. Das geht z. B. mit dem unerfüllten Kinderwunsch: Ich liebe den Teil in mir, der verhindert, dass ich schwanger werde, und nehme ihn ganz an.

Ich kann auch »pauschal« den Verhinderer der Wunscherfüllung in mein Herz nehmen, ohne zu wissen, wer oder was es genau ist.
In kleinen Gruppen ist es aber auch ein sehr aufschlussreicher Spaß, die doppelte Verständnistechnik auf den Verhinderer anzuwenden: »Wenn ich der Teil in XY wäre, der die Wunschauslieferung verhindert, warum würde ich das tun?«

Bertram beispielsweise hatte bestellt, dass es endlich mit seiner Selbstständigkeit klappen sollte – aber nichts funktionierte so richtig. Wir haben den Verhinderer gehoppt. Und was kam heraus?

- Wenn ich der Verhinderer-Teil wäre, dann hätte ich Angst vor der Verantwortung. Als Angestellter ist es doch so schön sicher.
- Ich hätte Angst, meine Bequemlichkeiten aufgeben und womöglich mal richtig hinklotzen zu müssen.

- Ich träume so gerne von meinen Idealvorstellungen. Ich würde die Auslieferung verhindern, weil ich weiter ungestört träumen will, anstatt mich mit den Ärgernissen realer Umsetzungen plagen zu müssen. Solange ich nur träume, muss ich keine Angestellten suchen, keine Steuererklärung machen und keine Büroräume mieten.
- Mein innerer Verhinderer sagt, wenn man etwas wirklich will, dann bekommt man es auch. Aber erst muss ich den Verhinderer überzeugen, dass es mir wirklich ernst ist mit dem Wunsch und dass ich auch bereit bin, die Konsequenzen zu tragen.

Wir haben diese diversen Verhinderer ins Herz genommen, sie ganz akzeptiert und ihnen unsere Liebe gegeben. »Es ist okay, dass ihr da seid und dass ihr seid, wie ihr seid.«
Bertram sagte, dass ihn das völlig von den Selbstvorwürfen befreit habe, die er sich bisher machte. Mittlerweile hat er einen Drei-Tage-Job und ist teilselbstständig – völlig ohne Druck und Stress. Er hatte vorher den Glaubenssatz gehabt, es müsse gleich ganz oder gar nicht sein.

Die alten Hawaiianer sind überzeugt, dass die Regel »Was auf der Welt geschieht, muss auch in dir vorhanden sein« für alles gilt. Auch für Terrorismus (egal ob von Terroristen- oder von Regierungsseite), Kriege, Krankheiten, Gewalt, Unterdrückung, Umweltverschmutzung, Ausbeutung und so weiter und so fort.
Man kann somit alles hoppen, was einen berührt und was man gerne verbessern möchte. Denn das Geniale beim Hoppen ist ja,

dass man sich damit nicht in das Leben der anderen einmischt, sondern stets bei sich bleibt.

Die Frage lautet sogar bei einem Krieg in einem fernen Land: »Womit habe ich das erschaffen, dass es so etwas in meiner Welt gibt? Wie kann ich es ins Herz nehmen? Es tut mir leid und ich liebe mich.«

Du liebst nicht die Kriegstreiber, auch nicht die Opfer, du liebst den Teil in dir, der in Resonanz dazu ist. Wenn wir die Resonanz zu Kriegen komplett in unserem Inneren heilen würden, müssten Kriege aufhören, auf der Welt zu existieren.

Ich finde das einsichtig. Nehmen wir das Beispiel der Nahrungsmittelherstellung. Da wird regelmäßig über eine niedrige Qualität oder gar verseuchte Nahrungsmittel gejammert und dann wird auf die Hersteller geschimpft, als wären sie alleine schuld. Aber real trägt meines Erachtens jeder die Mitschuld, der immer das Billigste vom Billigen an Nahrungsmitteln einkauft. Das hebt den Umsatz der Billighersteller und senkt jenen der Qualitätsanbieter.
Und wenn alles spottbillig sein muss, damit der Verbraucher ein Produkt kauft, dann kann man nicht mehr darauf achten, dass das zu schlachtende Vieh gesund ernährt wird oder die Herstellungsmaschinen biologisch gereinigt werden.
Der beschuldigte Unternehmer muss eben dann seine Produkte so billig wie möglich herstellen, um noch daran zu verdienen. Würde die Mehrheit der Verbraucher nur zu Qualitätsprodukten greifen und lieber seltener teure Produkte wie Fleisch kaufen, dafür aber mehr Reis oder einfaches Gemüse essen, und

zwar in einer guten Qualität, dann würde vermutlich derselbe Unternehmer eine Bio-Hühnerfarm betreiben. Weil es der Verbraucher halt so will.

Insofern erschafft die eigene innere Haltung diese Probleme mit, auch wenn man selbst kein Nahrungsmittelhersteller ist. Das Beispiel beschäftigt mich gerade, weil ich vor Kurzem den Film »We feed the world«[5] auf DVD gesehen habe. Es zeigt, wie die Haltung des Verbrauchers beim Einkauf die Nahrungsmittelproduktion sowohl bei Fisch und Fleisch als auch bei Gemüse beeinflusst. Dass Hühner gezüchtet werden, ohne auch nur einen Tag lang die Sonne zu sehen, ist nicht die Schuld der Hersteller, sondern Resultat des Verbraucherverhaltens. Denn so billig geht es nun mal nicht mit Freilandhaltung.

Aber es ist ja noch diffiziler. Denn auch als Biomarkt-Einkäufer lebe ich in einer Welt, in der von den Feldern der Nachbarbauern genetisch veränderte Samen herüberwehen. Womit habe ich mir das erschaffen, dass ich nicht in Ruhe mein natürliches und biologisches Essen genießen kann? Eine interessante Frage. Wir können sie ja mal beim nächsten Seminar hoppen.

Ich will damit nur sagen: Du kannst alles hoppen, mit allem innerlich Frieden schließen und damit auf energetischer Ebene zur Verbesserung beitragen.

Bei einer früheren Arbeitsstelle von mir, Manfred, stand auf dem Gang ein Kopierer, den die ganze Abteilung benutzte. Mein Zimmerchen war direkt daneben. Jeden Montag eilte eine

---

[5] Siehe http://www.we-feed-the-world.at – der Film ist in Deutsch, trotz des Titels.

gestresste, aufgeregte Frau mit einem Berg Blätter herbei, die dringendst sofort kopiert werden sollten. Und schon streikte der Kopierer – und zwar jedes Mal! Diese Frau war ein solches Nervenbündel, dass sich ihre Aufregung auf den Kopierer übertrug. Dann geriet sie noch viel mehr außer sich und bat mich um Hilfe. Ich habe sie dann erst mal losgeschickt, um einen Kaffee zu trinken, und habe im Grunde dem Kopierer »die Hand aufgelegt«: Ich bin möglichst ruhig drangegangen, habe innerlich gefragt: Na, was hast du denn? Und dann ging er wieder, und die Kopien wurden gemacht.

Bärbels GPS fiel mal aus, als wir unterwegs zu einem Termin waren. Das komplette Radio war auf einmal tot und gab keinen Pieps mehr von sich, egal welchen Knopf sie auch drückte. Ich weiß noch, dass ich ihr riet, sie solle das lassen; da sei bestimmt die Sicherung raus, da hilft Knöpfedrücken dann auch nicht. »Bin ich jetzt Schöpfer meiner Welt oder bin ich es nicht? Ich möchte, dass das GPS wieder geht«, verkündete sie, schloss die Augen und diskutierte die Sache offenbar mit dem Universum aus. Kurz darauf machte das Radio kurz »plopp« – und dann funktionierte sowohl Radio als auch GPS wieder. Da muss man dabei gewesen sein!

Ich frage mich bloß, wieso sie das bei der Waschmaschine neulich nicht geschafft hat – leider: Die Reparatur war teuer. Immer klappt es offenbar nicht, sein Bewusstsein so zu sammeln, dass sich auch die technischen Geräte danach richten. Aber es gibt einen Zusammenhang.
Oder? Sei doch mal ehrlich, du kennst das auch: Je größer der

Stress, umso schneller stürzt der Computer ab. Je doofer ich meinen Rechner finde, umso langsamer arbeitet er. Wieder ist ein »Problem« im Außen nur ein Spiegel meines Inneren! Auch mein Auto, das nicht anspringt und dauernd kaputtgeht. Auch die Waschmaschine, auch die Videokamera. Wenn dein Rechner streikt, was streikt dann in dir? Wenn du einen Unfall hast und dein Auto verbeulst, wo verbeulst und verdrehst du dich?
Guck doch mal an, was mein Bewusstsein alles kann: Macht sogar Computer kaputt – und wieder ganz. Da landen wir wieder bei den alten Hawaiianern: Für sie ist alles durchdrungen von Gedanken, auch die Maschine, auch der Apfel, den ich esse. Wenn ich ihnen schlechte Gedanken gebe, dann mache ich sie erst richtig schlecht, kaputt oder ungesund. Durch unser Bewusstsein beseelen wir auch Dinge. Entscheidend ist dabei, mit welchem Bewusstsein ich etwas tue. Das Bewusstsein nimmt nicht nur wahr – es kann sogar durch Wahrnehmen sowie durch Gedanken und Gefühle regelrecht *erschaffen:* Und so streikt der Kopierer erst, und dann geht er wieder – je nachdem. Die Hoop-Technik dazu ist: »Ich liebe den Teil in mir, der erschaffen hat, dass der Kopierer streikt.«
Manchmal will er auch nur gewartet werden und neuen Toner haben – das sei ihm vergönnt. Aber wenn der Toner und alles stimmt, dann muss es an dir liegen.

Soso, den Kopierer mache ich mit meinen Gedanken kaputt oder wieder ganz. Wie ist denn das nun mit meinem eigenen Körper? Welches Bewusstsein gebe ich meinen Zellen und meinen Organen? Wie denke ich von meinem eigenen Körper? Da bin ich zu dick, da bin ich zu hässlich, da bin ich nicht schön

genug, da fehlen mir Haare, da hab ich zu viel davon. (Nebenbei gesagt: Die steigende Zahl der Schönheitsoperationen erschreckt mich schon. Also hoppe ich auch das: »Ich liebe den Teil in mir, der dafür sorgt, dass es so viele Operationen wegen Schönheitsidealen gibt.«)
Also, ich bin jetzt eine Zelle meines Körpers und kriege immer nur gesagt: »Du bist hässlich, ich mag dich nicht.« Das ist unschön. Da werde ich doch gleich mal krank.
Viel besser ist der Gedanke: »Ich liebe meinen Körper. Ich bin meinem Körper dankbar. Ich vergebe meinen Fettpölsterchen, dass sie mich rund machen. Ich nehme mein Gewicht und meine Fältchen ganz an.«

Bestellen und hoppen

*Wenn der Geist bereit ist,
sind die Dinge bereit.*
SHAKESPEARE

Wenn wir mit Wunscherfüllungstechniken wie »Bestellungen beim Universum« oder ähnlichen Techniken anfangen, wollen wir meist unbedingt ganz genau das eine oder andere erreichen oder haben; wir meinen, erst nach Auslieferung glücklich sein zu können. Wir wundern uns dann, warum oft nur kleine Dinge ausgeliefert werden und die großen ausbleiben.

Die Wahrheit ist hier schwer zu begreifen: Die größte Kraft zur Veränderung unserer Realität erwächst aus der Akzeptanz dessen, was ist, und aus der Entscheidung, glücklich zu sein mit dem, wie es ist. Der Glückliche ist in größtmöglicher Resonanz mit seiner Schöpferkraft, der Unglückliche nur in geringer.
Ja, das soll erst mal einer verstehen, dass er glücklich sein kann, auch ohne dass alle Wünsche erfüllt sind. Erst glücklich sein, dann wird geliefert – ein schwerer Brocken.

Die gesammelten Techniken rund ums Ho'oponopono helfen uns dabei, dies zu verinnerlichen und vom Grunde der Seele her mehr und mehr zu verstehen.

Wir merken durch die regelmäßige Anwendung all dieser Techniken, dass es uns meilenweit besser geht, wenn wir unseren Widerstand gegen das, was ist, aufgeben:
- Welch eine Erleichterung, Mitgefühl statt Ärger zu empfinden!
- Welch ein Segen, wenn sich Ängste verwandeln und man den Schmerz des Gegenübers versteht.
- Was für ein Geschenk, zu erleben, wie viel stärker und klarer unsere Ausstrahlung wird, wenn wir mehr und mehr Hindernisse friedvoll in unser Herz schließen können.
- Wie wundervoll, im Fluss mit dem Leben zu sein, statt andauernd nur im Widerstand.

Schauen wir uns die typischen fünf Phasen des Bestellens an und wie man durch das Hoppen schneller in die nächsthöhere Phase gelangt:

Grundsätzliches Misstrauen dem Leben gegenüber. Alles ist furchtbar, das kann keiner aushalten. Ich muss alles anders bestellen.

In diese Phase bist du gekommen, weil du tief in der Trennung gesteckt hast, und zwar in der Trennung vom Kosmos und von dir selbst. In so einem Zustand muss alles schiefgehen: Das ist so eine Art kosmischer Wecker, der deine Aufmerksamkeit wieder nach innen und mehr auf dich selbst zu lenken versucht. Bei mir mussten sie lange und laut läuten, bis ich mal irgendwas bemerkt habe ...

Stell dir vor, du beginnst hier mit dem Hoppen, mit allen Techniken nacheinander. Allein durch das Spielen mit der doppelten Verständnistechnik im kleinen Freundeskreis fühlst du dich wieder mehr und mehr verbunden: zuerst mit den anderen, aber bald auch mit dem Universum. Du merkst es spätestens dann, wenn Ärger und Stress langsam nachlassen und du gelassener wirst.

Die ersten Bestellungen werden geliefert. Dem Himmel sei Dank! Es geht aufwärts und es besteht noch Hoffnung. Du fühlst dich erleichtert und das Gefühl des völligen Getrenntseins von allem lockert sich auf: Da ist ja offensichtlich doch »jemand«, der zuhört und in der Lage ist, in dein Leben wunschgemäß einzugreifen. Die urigsten Zufälle und Bestell-Erfolge tragen sich zu und Fügungen beginnen immer häufiger aufzutauchen.

Durch Ho'oponopono wird dir an dieser Stelle schnell klar, wie wenig zufällig Zufälle oft sind: Sie reflektieren vielmehr deine gegenwärtige Stimmung und Ausstrahlung. Wer gestresst und in sich gekehrt in ärgerlichen Gedanken ist, übersieht zufällig auftauchende Gelegenheiten sowieso. Aber Ho'oponopono führt dazu, dass du dich wieder vertrauensvoller der Welt öffnest. Und schon kannst du noch mehr tolle Gelegenheiten für dich erkennen.

Es klappt? Na dann, wenn das so ist, dann bestelle ich jetzt mal erstens, zweitens, drittens ... In dieser Phase fällt uns meist eine Menge ein: Was gibt es nicht alles zu bestellen! Und wir feilen wie verrückt an der Technik, um die Ergebnisse mehr und mehr zu verbessern. Allerdings fällt uns auch schon auf, dass die ersten hoffnungsvollen Erfolge wieder weniger werden, wenn wir zu verkrampft an die Sache herangehen und unbedingt etwas wollen.

»Ich nehme den Teil, der gierig und verkrampft wird, ganz in mein Herz und ich liebe mich trotzdem.« Hoppe alle auftauchenden Gefühle und nimm sie in dein Herz. Umso schneller kannst du wieder über dich lachen, anstatt dir selbst Druck zu machen.

Wir stellen fest, dass sich gigantische Wunder um uns herum zutragen, vieles geliefert wird und wir auch uns selbst und unserer inneren Stimme näherkommen. Auch fühlen wir in dieser Phase vermehrt, wie alles mit allem und alle mit allen verbunden sind. Wir werden uns unserer Wirkung auf andere schon durch unser reines Sein bewusst und beginnen, uns verantwortlicher zu fühlen für das, was uns im Außen begegnet, anstatt uns als Opfer des Schicksals zu sehen. Darin liegt eine große Befreiung.

Trotzdem weigert sich die Wirklichkeit beharrlich, sich komplett von uns kontrollieren zu lassen. Irgendwo ist immer ein Stopp – und das ist gut so, wie wir sehen werden:

- Dieses Stopp hat mit vermeintlichen Fehlern zu tun, die in Wirklichkeit keine sind, denn ohne sie wäre gar kein Leben möglich.

- Es hat auch mit Ho'oponopono zu tun, mit bedingungsloser Selbstliebe und Versöhnung mit uns selbst, so wie es die Hawaiianer schon vor Jahrtausenden wussten.
- Eine bedeutsame Rolle spielt, dass jenseits des Vorhangs nicht jede Energie von Ehrlichkeit und Reinheit geprägt ist. Im Gegenteil: Nur wenn unser Herz offen und unsere Absicht rein ist, sind die Antworten aus anderen kosmischen Bewusstseinsebenen ebenfalls rein. Ansonsten können Einbildung und Eingebung leicht vertauscht werden.
- Es hat damit zu tun, dass wir zwar alle stets mit dem ganzen Kosmos verbunden sind und sogar eine subatomare Navigation besitzen, wie wir gesehen haben. Doch der Zugang zu selbiger ist teils intellektuell, teils kulturell, teils vonseiten des kosmischen Gesamtplanes blockiert Da sind sogar für den Fortgeschrittenen noch ein paar Ausgrabungsarbeiten vonnöten, um wieder ganz in den Fluss des Seins zu kommen.
- Und es hängt damit zusammen, dass wir es lieben, etwas zu *werden,* anstatt vor allem etwas zu *sein*. Denn zu sein ist viel anstrengender als zu werden!

In dieser Phase können dich sämtliche Hoop-Techniken dabei unterstützen, dein Glück auch zu genießen und Dankbarkeit für alles zu empfinden. Mit Ho'oponopono siehst du das halb volle Glas statt des halb leeren.

Mal angenommen, du wärst in Phase 4 stur am Ball geblieben und hättest alle deine großen Ziele mehr oder weniger genau erreicht. Du hast dich für das Glück entschieden, und auf einmal schien es mehr und mehr deinen Wünschen zu folgen.

Dann kommt, was für den unverbundenen Normalbürger unvermeidlich erscheint: Er wünscht sich alles noch schöner, noch größer, noch besser, noch teurer. Nichts ist schlimmer, als keine Ziele mehr zu haben.

Wenn du aber an diesen Punkt im Leben mit kosmischer Wunscherfüllung gekommen bist, dann meldet sich der Kosmos spätestens an dieser Stelle zu Wort: Er fordert Tiefe und mehr Qualität anstatt nur »höher, schneller, schöner, mehr«. Und zwar deutlich. Wenn du an diesem Punkt im Leben angelangt bist, dann hat das Universum inzwischen viele Möglichkeiten, mit dir in Kontakt zu treten, und es wird dir seinen Wunsch nach Qualität vielfach kommunizieren. Denn an dieser Stelle des Bestellens möchte sich das Universum wieder vollkommen mit dir verbinden und sich dir in seiner ganzen Schönheit und Vielfalt zeigen. Und das geht nur, wenn du dem Fluss des Lebens und dem Ziel, dass am Ende alles deinem höchsten Wohle dienen wird, gänzlich vertraust. Wenn du weißt, dass Wunder von ganz alleine geschehen, solange du innerlich verbunden bleibst, dann ist der Punkt erreicht, an dem du konkrete Wünsche teilweise oder ganz loslassen kannst. Damit ist nicht gemeint, dass du ein Heiliger werden und nichts mehr wollen sollst. Deine verschwundenen Schnürsenkel kannst du nach wie vor zurückbestellen, anstatt stundenlang zu suchen. Auch neue Kunden, optimale Lieferanten und einen kosmischen Tipp, wo es die beste Massage weit und breit gibt, darfst du dir herbeiwünschen – oder was immer.

Gemeint ist jedoch, dass du offen bleibst für Überraschungen und dir anstatt konkreter Ereignisse lieber Qualitäten und Wunschgefühle bestellst (z.B. dass du dich lebendig, freudig, verbunden, in Liebe, weise, wach, bewusst etc. fühlst). Damit lässt du dem Universum viel mehr Möglichkeiten, zu liefern. Außerdem hast du viel mehr Spaß, weil du öfter überrascht wirst und dir alles wie ein großes Wunder erscheint, in dem alles miteinander verbunden und verwoben ist.

Ein Beispiel für Phase-5-Bestellungen ist unsere Igelbestellung. Es war nur eine Kleinigkeit, bietet aber ein schönes Beispiel, denn die Lieferungen waren viel besser, als wenn alles genau nach Plan gelaufen wäre:

Wir hatten in einem Katalog den sogenannten Igel-Ritz und die Igel-Schnecke gefunden. Das sind Igelhöhlen aus Keramik mit Schamott. Sie sind wasserfest, frostsicher und ideale Komfortunterkünfte für die vom Aussterben bedrohten Igel. Ich wollte auf jeden Fall so ein Ding für unseren Garten kaufen, kam aber ewig lange nicht dazu. Im Fluss mit der Lebensenergie zu sein bedeutet aber, nichts im Stress oder verkrampft zu tun, sondern darauf zu vertrauen, dass es einem zur richtigen Zeit schon wieder einfallen wird und dass genau dann auch der bestmögliche Zeitpunkt sein wird.

Irgendwann hatte ich Zeit und bestellte so ein Stück. Wir bauten es im Garten auf und die Kinder halfen mir, Erde und Gestrüpp darüberzuschaufeln und zu bauen. Nun wollten sie natürlich auch möglichst bald einen Igel sehen ...

Genau dies meine ich mit dem richtigen Zeitpunkt: Während unser Igelhäuschen noch darauf wartete, gefunden zu werden, fuhren wir alle zusammen nach Stuttgart zu einem Vortrag. Wir übernachteten bei einer guten Bekannten von Manfred. Und zur Begeisterung unserer Kinder erzählte sie ihnen, dass es bei ihr jeden Abend gegen 20 Uhr »Igel-Fernsehen« gebe: Statt fernzusehen liegt sie gemütlich auf Decken und Kissen im

Wohnzimmer hinter der Terrassentür und beobachtet eine ganze Igelfamilie, wie sie das Essen futtert, das ihnen jeden Abend serviert wird. Die Kinder lagen fast eine Stunde lang quiekend vor Vergnügen da und schauten den Igeln zu.
Inzwischen haben wir auch einen Igel zu Hause, aber der frisst leider gewohnheitsmäßig erst gegen Mitternacht. Das ist natürlich zu spät für die Kinder und so wollte ich wenigstens ein Foto von ihm machen und es den Kindern zeigen. Auch das war kein Problem. Zweimal folgte ich einfach meinen inneren Impulsen: Einmal wachte ich um 1:30 Uhr in der Nacht auf und wunderte mich, warum ich nicht mehr einschlafen konnte. Irgendwann stand ich auf, erinnerte mich plötzlich an unseren Igel und ging mit der Kamera nach draußen. Ich hörte das Tierchen schon schmatzen, als ich mich vorsichtig durch den Garten anschlich.

So etwas klappt natürlich nur, wenn man wenigstens ein bisschen dafür offen ist, solche inneren Impulse wahrzunehmen und ihnen dann auch zu folgen. Dabei kommt erneut das Hoppen als Beschleuniger und Fortgeschrittenen-Technik zum Zuge: In geradezu fantastischer und leichter Weise trainiert man damit die Feinwahrnehmung der eigenen inneren Impulse und Gefühle. Man meint, man fühlt sich in völlig fremde Situationen ein: »Wenn ich so handeln würde, warum täte ich es?« Man hat nicht das Gefühl, mühselig an sich selbst zu arbeiten. Und doch kann man immer nur sich selbst finden, egal welches Problem man anguckt. Denn je mehr Leute du mitmachen lässt, desto mehr verschiedene Ergebnisse erhältst du. Jeder findet immer nur seine eigenen Anteile in sich selbst. Jeder kommt bei jeder Übung sich selbst ein Stückchen näher – und damit seiner kosmischen Wahrheit: dem Einssein mit dem Ganzen.

Und irgendwann schmeißen wir die Navi im Auto dann endgültig über Bord, wenn wir wieder ganz verbunden sind mit uns selbst. Denn dann »hören« wir wieder die subatomare Navigation, die uns mitteilt, wo es langgeht, kaum dass sich eine neue Absicht in uns formt – bewusst oder unbewusst.

In diesem Sinne fröhliches Hoppen und Bestellen wünschen Euch
Bärbel und Manfred

PS: Wie immer verstehen wir auch dieses Buch als Inspiration, nie als Belehrung. Deswegen finden wir es vollkommen natürlich, dass andere Menschen mal stärker, mal leichter abweichende Bilder der Wirklichkeit in sich tragen und vielleicht nur einen Teil oder auch gar nichts von dem, was wir schreiben, verwenden können. Das ist alles kein Problem. Wer widerspricht, wird einfach »niedergehoppt«.
(Geht ja nicht – klar, oder? Da ich lediglich meine eigenen Anteile hoppen kann, hoppe ich also höchstens meine eigenen Widerstände nieder.)

Und wenn du findest, dass wir Blödsinn schreiben, dann hoppst du uns, wir dich, wir uns, wir uns alle gegenseitig – und dann machen wir weiter, bis sich die ganze Welt wieder angeschlossen fühlt an die kosmische Einheit, weil wir die Einheit in uns wiederhergestellt haben.
Wir wünschen dir
LOVE, PEACE & HARMONY

Zusammenfassung der Verständnistechnik

- Wähle einen Menschen (Nachbar, Verwandter, Partner, Freund, Kollege – männlich oder weiblich ...) oder eine Situation, mit der du Probleme hast.

- Der Beweggrund, warum der andere so ist, ist nicht dein Problem! Aber du kannst die Resonanz dazu in dir heilen.

- Frage dich: »Wenn ich so handeln würde (wie der Kollege etc.), warum würde ich es tun? Welches Gefühl hätte ich dabei?«

- Wenn du ein Gefühl *in dir* findest, sage *zu dir selbst:* »Es tut mir leid, ich liebe mich!«
  Wichtig: Dabei ist es nach wie vor egal, warum der andere so handelt. Du heilst nur deine Resonanz dazu, indem du dich fragst, was *dein* Beweggrund für ein solches Verhalten wäre. Diesen Beweggrund heilst du in dir, *nicht* beim anderen. Dein Gegenüber ist für sich selbst verantwortlich!

Durch diese Übung geschieht zweierlei:
In dir entsteht das Verständnis, dass es aus eigenen inneren Pro-

blemen heraus möglich ist, so zu handeln. Du beginnst, das Verhalten des anderen nicht mehr als Angriff gegen dich zu erleben, sondern als Ausdruck seiner eigenen Probleme und Schmerzen in seinem Leben. Sobald du das durch diese Übung fühlen kannst, *bist du frei!* Du bist unweigerlich freier und glücklicher, egal was der andere tut.

Deine veränderte Resonanz führt nun sehr häufig auf lange Sicht (manchmal auch sofort, siehe Beispiele) dazu, dass der andere sein Verhalten dir gegenüber ändert, ohne dass du ein Wort dazu zu verlieren brauchst. Sein altes Verhalten passt einfach nicht mehr zu deiner Resonanz. Der andere kann sich in dem Moment verändern, in dem *dein* Glück nicht mehr von *seinem* Verhalten abhängt!

In Teil 2 kannst du dich fragen, warum du dir so eine Situation geschaffen hast, und das nun auftauchende Gefühl ebenfalls mit »Ich liebe mich« usw. heilen.

Beende jede Übung mit dem Ausdruck deiner Dankbarkeit: »Danke, danke, danke!« Danke für die Erkenntnis, danke für die erlebten Gefühle, danke für die Liebe.

Angebote zum »Cosmic Ordering mit Ho'oponopono«

Du möchtest die hier beschriebenen Techniken (das Hoppen, wie wir es nennen) ausprobieren? Dann hast du eine Vielzahl an Möglichkeiten:

Du kannst ...
- bei allen Beispielen im Buch mitmachen.
- bei der Sitzung auf der beigefügten DVD mitmachen.
- Freunde oder Bekannte einladen und es gemeinsam mit ihnen ausprobieren.
- an einem Abend-Workshop zum »Cosmic Ordering für Fortgeschrittene mit Ho'oponopono« teilnehmen.
- zu einem Tagesseminar kommen.
- zu unseren Lebensfreude-Seminaren in Kißlegg kommen, bei denen es zwar nicht vorrangig ums Hoppen geht, aber eine Übung dazu ist mit dabei.
- bei einer Kleingruppensitzung zum Hoppen dabei sein, wenn du sicher an die Reihe kommen möchtest.
- auch eine Einzelsitzung buchen, wenn du nur deine Themen behandeln lassen möchtest.
- Für den Einsatz in Firmen gibt es ein spezielles Programm, die »Innere Schlüssel Technik (IST)«.

Alles zu den Privatsitzungen, Abendvorträgen oder Workshops findest du unter www.cosmic-ordering.de

Du hast also alle Chancen der Welt. Und natürlich kannst du auch zu einem Seminar von Dr. Len aus Hawaii gehen. Seine Homepage ist www.hooponopono.org
Weitere Infos, Beispiele und Texte zum Original-Ho'oponopono findest du ebenfalls auf seiner Seite, allerdings nur in Englisch.

AUSBILDUNG
»Die nächste Dimension des Bestellens mit Ho'oponopono« ab 2009

4 Wochenenden zu den Bereichen:
- Partnerschaft
- Beruf/Berufung und Geld
- Gesundheit
- Unausgelieferte Bestellungen beim Universum – wo hängt`s?
- Seelenplänen näherkommen: Was könnte mein Plan gewesen sein, als ich mich als Seele für dieses Leben entschied?
- Womit habe ich mir die gegenwärtige Situation erschaffen?
- Welcher Teil in mir sucht nach Heilung und Versöhnung?

Am glücklichsten sind nicht die Menschen, die noch nie im Leben ein Problem hatten, sondern die, die ihre Probleme überwunden haben und das »versteckte Geschenk« hinter dem Problem entdeckt haben.

Die Ausbildung ist für Menschen gedacht, die beratend mit anderen arbeiten oder für Menschen, die intensive Versöhnungsarbeit auf dennoch lockere und leichte Art mit sich selbst leisten möchten.

Näheres unter www.cosmic-ordering.de
oder bei energy-centrum, Telefon: 0 71 42 / 77 77 60
Email: j.bezner@energy-centrum.de

Bärbel Mohr / Manfred Mohr
Fühle mit dem Herzen
und du wirst deinem Leben begegnen
gebunden, 216 Seiten
€ 12,95
ISBN 978-3-86728-025-9

Vom »Positiven Denken« zum »Positiven Fühlen« Bärbel und Manfred Mohr zeigen, wie es funktioniert. Alles, was wir erleben und erfahren, ist bereits in uns selbst angelegt. Dabei gibt der Verstand die Richtung vor und das Gefühl liefert die Energie, um diesen Weg zu beschreiten. Überzeugen Sie sich vom Fühlen mit dem Herzen und lernen Sie nicht nur, Ihre positiven Gefühle zu stärken, sondern auch negative Emotionen zu transformieren.